·高校教师教育专业系列教材·

新时期教师职业道德与专业化发展

孙菊如　王　燕　编著
王　赪　高红娟

图书在版编目(CIP)数据

新时期教师职业道德与专业化发展/孙菊如等编著.—北京：北京大学出版社，2006.8
（高校教师教育专业系列教材）
ISBN 978-7-301-10996-0

Ⅰ.新… Ⅱ.孙… Ⅲ.教师—职业道德—师范大学—教材
Ⅳ.G451.6

中国版本图书馆CIP数据核字(2006)第098570号

书　　　名：新时期教师职业道德与专业化发展
著作责任者：孙菊如　王　燕　王　赪　高红娟　编著
丛 书 主 持：姚成龙
责 任 编 辑：江　凌
标 准 书 号：ISBN 978-7-301-10996-0
出 版 发 行：北京大学出版社
地　　　址：北京市海淀区成府路205号　100871
网　　　址：http://www.pup.cn
电 子 信 箱：zyl@pup.pku.edu.cn
电　　　话：邮购部 62752015　发行部 62750672　编辑部 62767857
　　　　　　出版部 62754962
印 刷 者：三河市北燕印装有限公司
经 销 者：新华书店
　　　　　　650毫米×980毫米　16开本　10.75印张　225千字
　　　　　　2006年8月第1版　2021年12月第5次印刷
定　　　价：45.00元

未经许可，不得以任何方式复制或抄袭本书之部分或全部内容。
版权所有，侵权必究
举报电话：(010)62752024　　电子信箱：fd@pup.pku.edu.cn

前　　言

　　进入 21 世纪以来，随着教师专业化理念的不断发展，教师教育专业化和开放化正成为一种国际发展趋势。我国传统的师范教育模式正在经历一场从理念到实践的深刻变革。改革师范类专业传统的"老三门"（教育学、心理学、学科教学论）课程，开展教师教育课程、内容、方法、手段方面的改革研究，进一步优化教师教育专业的课程设置，构建适应基础教育改革发展要求、有利于师范生教育教学技能和综合素质培养的教师教育课程体系，以确保师范毕业生具备良好的专业素养和专业技能，才能较好地适应基础教育改革与发展的要求。

　　为积极改革教师教育课程的教学内容，及时将基础教育新课程改革的有关内容纳入教师教育课程的教学当中，进一步加强师范生教育教学实践能力的培养，积极构建教育教学技能训练平台，我们在深入研究教师专业化理念和广泛调查相关学校教师教育课程设置的基础上，组织专门从事高校学科教学论的专家编写了这套"高校教师教育专业系列教材"。该系列教材由《教育学基础》、《学与教的心理学》、《新时期教师职业道德与专业化发展》、《学校教育科研》、《现代教育技术》、《课堂教学艺术》、《普通话与教师口语》、《学科教学论》等组成，内容涵盖了理论、技能、研究和实践四大方面，并由北京大学出版社出版发行。

　　这套系列教材所涉及的内容既充分反映了课堂教学方面的最新进展和研究成果，又贴近一线教师的教学实际，为教师在职培训和教师教育专业学生的学习提供了系统的学科教育观念、教学设计的策略以及课堂教学的科学性知识。它们可以作为教师在职培训的优秀教材，也可以作为教师教育专业本科生乃至学科教学论硕士研究生的主要参考书，亦是广大教师更新教育观念、理解新课程标准、提高课堂教学艺术的重要参考读物。

　　本套系列教材的基本特点在于：

第一,重视理论知识与实践能力的结合。这套教材是根据教师教育专业的特点专门编写的,既重视新课程教育理论的介绍,又重视研究课堂教学实践中的重大理论问题,把教育实践中的问题提升到理论层面上来阐述。从逻辑上和实践上讲,作为一名教师,首先要有知识,要知道自己"教什么"。同时,要保证教育的高质量和高效率,就必须具备教育的基本知识和技能,知道"如何教",正是从这个意义上讲,教师教育专业课程的开设,是要让教师或未来的教师学会"如何教",这是非常重要的。

第二,重视研究。这套教材通过开展教师教育培养模式的国际国内比较研究以及对我国中小学教师进行广泛的市场调查,深入了解中小学教师的基本素质、成长成才状况和培训需求,为改进和完善教师教育培养规格、培养培训内容提供依据,从而提高教师教育质量。同时,这套教材也注重本科教育和研究生教育的有机衔接,以"加强基础、拓宽口径、因材施教、体现特色"的思想构建本科教育教学新体系。为贯彻新课程的理念,这套教材根据新课程实施对教师的要求与新课程师资培训的特点,探索参与式、互动交流以及案例教学等培训模式与方法,使教师培训切实发挥实效,使教师教育能更好地为基础教育服务。全套教材紧紧抓住教师教育发展的重要战略机遇,不失时机地推进教师教育制度、体系、模式、方法途径和技术手段创新,以实现新时期教师教育的战略性转变和跨越式发展。

第三,强调针对性、实效性和前瞻性。这套教材以"新课程、新理念"为纲,从"新目标、新教法、新学法、新评价、新视野、新思路"六个方面,对教师教育专业课程作了比较全面的理性探索。针对性是指教材从教师实用的角度解析新课程标准,以培养适应新课程和新教材的新型教师为出发点,本着为中小学教师教学服务的原则,极力凸现如何使教师尽快适应新课程理念下的教学方法与教学手段。实效性是指通过学习,能够帮助学员掌握教师教学的基本技能。本套教材既着眼于建立新的教师教育专业理论体系,又特别关注教学理论的实践指导意义。教材不仅展开了充分的教学理论阐述,而且提供了较为直接的可供读者使用的新课程典型案例和资料,具有较强的实用性和指导性,有利于促进教师教学方法与学生学习方式的根本变革。前瞻性是指本套系列教材提供了多种教师教育课程，其价值就在于以国家基础教育课程改革的新理念为基础，把现代自然科学和人文社会科学发展的最新成果纳入系列教材中来；用现代教育思想、理论、技术和新的学科知识发展动态指导教师教育实践，为有志于从事教师职业的在校本科生提供教师教育理论课程、技能课程和实践课程；为在职教师进行理论学习、提高教育教学水平提供多样化的指导和帮助。

为了让新课程的理念真正走进教师心中，提高教师的专业化水平，解决教师专业化发展中的实际问题，使学员学习了这些课程后能够了解教师教育专业发展的历史、现状和趋势，本套教材充分重视教师教育的经验和实践基础，观照世界各国教育发展的新动向，将优秀教师的科研成果课程化，发挥教师的主体意识和创新精神。这不仅能够使学员学习到最新的教育理论，而且能够帮助他们开阔视野，拓展思路，有利于提升他们的理论素质和教学技能。

编者

2006 年 6 月 20 日

内 容 简 介

教师职业道德与专业化发展是教师教育专业的一个基础必修课程。为适应教师教育类课程的开展，建设一支高素质、专业化的教师队伍，高度重视教师职业道德建设，形成以教师职业道德建设为基础，以制度规范为保障，以监督考核为手段的教师职业道德建设机制，是全面贯彻党的教育方针的根本保证，也是新时期加强和改进教师职业道德建设的一项刻不容缓的紧迫任务。

《新时期教师职业道德与专业发展》一书以全面贯彻党的教育方针和科教兴国、依法治国、以德治国方略为宗旨，根据教育部《进一步加强中小学教师队伍管理和职业道德教育的通知》精神，以新课程改革理念和教师专业化发展要求为依据，参考了国内外相关领域的最新研究成果，从教师教学最现实的困惑出发，探讨他们最需要解决的问题。同时也结合我国教育改革与发展的要求和师德师风建设的实际情况，提出他们需要关注但没有加以重视的问题。本书内容大体有四方面：其一，教师与现代教师；其二，现代教师的专业化发展；其三，现代教师的道德素养；其四，新时期我国教师职业道德及其修养。从教师职业的巨大变化，透视现阶段教师职业道德现状，特别是备受公众关注的热点问题现状，研究改善教师职业道德的方向和策略。把道德理论创新、道德实践作为重点，以求教师职业道德教育课程与时俱进，体现新世纪的时代精神，反映改革开放后我国精神文明建设的成功经验，开创教师职业道德教育的新篇章。使未来的人民教师不仅是有知识、有学问的人，而且是有道德、有理想、有专业追求的人；不仅是高起点的人，而且是教育的专家。

编 者

2006 年 6 月 20 日

目　　录

前言 …………………………………………………………（1）
第一章　教师与现代教师 …………………………………（1）
　第一节　教师概述 ………………………………………（1）
　　一、教师的法律概念 …………………………………（1）
　　二、教师职业的性质 …………………………………（2）
　　三、教师的专业化 ……………………………………（3）
　第二节　现代教师的专业知识 …………………………（6）
　　一、现代教师应该具备的知识结构 …………………（6）
　　二、现代教师的地位 …………………………………（7）
　　三、现代教师的多重角色 ……………………………（10）
　第三节　现代教师的管理 ………………………………（11）
　　一、教师的权利与义务 ………………………………（11）
　　二、教师资格制度及任用制度 ………………………（16）

三、教师的培养与培训 …………………………………（24）
　　四、教师的待遇 ……………………………………………（25）
第二章　现代教师的专业化发展 ………………………………（28）
　第一节　现代教师教学能力的构成 …………………………（28）
　　一、教学认知能力 …………………………………………（28）
　　二、教学设计的能力 ………………………………………（28）
　　三、教学操作能力 …………………………………………（29）
　　四、教学监控能力 …………………………………………（30）
　第二节　教师专业化及专业化的本质特征 …………………（31）
　　一、专业化与教师专业化 …………………………………（31）
　　二、教师专业发展 …………………………………………（34）
　　三、我国教师专业化发展的障碍 …………………………（37）
　　四、教师专业化发展的趋势 ………………………………（41）
　第三节　促进教师专业化发展的途径及对策 ………………（44）
　　一、促进职业教育教师专业化的途径 ……………………（44）
　　二、教师专业化发展的对策 ………………………………（47）
第三章　现代教师的道德素养 …………………………………（51）
　第一节　教师职业道德概述 …………………………………（51）
　　一、道德及职业道德 ………………………………………（51）
　　二、教师职业道德的含义、特点 …………………………（52）
　　三、教师职业道德和社会公共道德的关系 ………………（56）
　第二节　教师职业道德的基本原则 …………………………（58）
　　一、教书育人原则 …………………………………………（58）
　　二、乐教勤业原则 …………………………………………（59）
　　三、人格示范原则 …………………………………………（60）
　第三节　教师职业道德的基本规范 …………………………（60）
　　一、依法执教 ………………………………………………（60）
　　二、爱岗敬业 ………………………………………………（67）
　　三、热爱学生 ………………………………………………（75）

四、严谨治学 …………………………………… (88)
　　五、团结协作 …………………………………… (95)
　　六、尊重家长 ………………………………… (102)
　　七、廉洁从教 ………………………………… (108)
　　八、为人师表 ………………………………… (113)
第四章　新时期我国教师职业道德及其修养 ………… (119)
　第一节　新时期教师职业的特点和内涵 ………… (119)
　　一、新时期教师职业的特点 ………………… (119)
　　二、新时期教师职业道德的内涵 …………… (121)
　第二节　新时期教师职业道德的实施难点 ……… (125)
　　一、当前部分教师在职业道德方面存在的
　　　　几个问题 ………………………………… (125)
　　二、新时期教师职业道德的实施难点 ……… (129)
　第三节　对新时期教师职业理念的思考 ………… (137)
　　一、新时期我们怎样当教师 ………………… (137)
　　二、对新时期教师职业理念的思考 ………… (141)
　　三、新时期优秀教师的特征 ………………… (144)
　　四、新课程中教师角色的十大转变 ………… (146)
　第四节　对新时期加强教师职业道德建设的
　　　　　思考 ……………………………………… (149)
　　一、用全新的视角认识教师职业道德建设的
　　　　重要性 …………………………………… (150)
　　二、用以人为本的观点明确教师职业道德建设的
　　　　针对性 …………………………………… (151)
　　三、用发展的眼光寻求教师职业道德建设的
　　　　创新性 …………………………………… (152)
　第五节　如何提高教师职业道德 ………………… (154)
　　一、以转变教师观念为先导，树立教师继续教育的
　　　　理念 ……………………………………… (154)

二、以保证教学质量为核心，建设一支高水平的
　　师资队伍 …………………………………………（155）
三、以管理创新为重点，构建创新型师资管理
　　模式 ………………………………………………（155）
四、以实施"质量工程"为契机，完善教学质量
　　监控体系 …………………………………………（156）
主要参考资料 ………………………………………（157）
后记 …………………………………………………（159）

第一章

教师与现代教师

第一节 教师概述

一、教师的法律概念[①]

1993年颁布的《中华人民共和国教师法》,赋予"教师"特定的法律含义。该法第三条明确规定:"教师是履行教育教学职责的专业人员,承担教书育人,培养社会主义事业建设者和接班人,提高民族素质的使命。"这就是教师的法律概念。这一概念包含以下含义:

1. 教师是专业人员。教师是一种从事专门职业活动的专业人员。必须具备专门的资格,符合特定的要求。主要有三:一是教师要达到符合规定的学历;二是教师要具备相应的专业知识;三是教师要符合与其职业相称的其他有关规定,如语言表达能力等。教师必须专门从事教育教学工作。

2. 教师的职责是教育教学。只有直接承担教育教学工作

[①] 转引自钟祖荣. 现代教师学导论. 北京:中央广播电视大学出版社. 2001

职责的人，才具备教师的最基本条件。比如，学校中不直接从事教育教学工作，未履行教育教学职责的行政管理人员、后勤服务人员、校办产业公司人员、教学辅助人员等，就不能认为是教师，而分属教育职员或其他专业技术职务系列。需要指出的是，在学校及其他教育机构中承担其他职责的同时，也承担教育教学职责，并达到教师职责的基本要求的人员，也可以认为是教师。

3. 教师的使命是教书育人，培养社会主义事业建设者和接班人，提高民族素质。这是就教师的工作目的而言的。教师的所有教育教学工作必须服务于这个目的，并认真履行自己的职责。

二、教师职业的性质①

职业是人们从事的工作的种类。教师在我国和很多国家都属于专业技术人员。所谓专业是指在社会分工和职业分化的过程中形成的一类特殊职业。教师职业属于一种专业，是专业人员。这是教师职业的基本性质。教师职业的专业特点表现在：

1. 教师是为社会服务的，是培养人的事业。这是它的专业功能或服务宗旨。这种职业或者说工作，有着很大的社会意义。它使社会的文化得以传承，使人得以成为社会的人、幸福自由的人，使社会更加文明进步。

2. 教师的形成要经过比较长时间的专业训练，他有许多专业知识技能作为训练的基础。专业训练是它的一个基本特征。教师要接受专业训练并取得资格，其基础是存在着比较系统成熟的专业理论知识和专业技能，不学就做不好工作。

3. 教师对自己专业范围内的事情有比较大的自主权，能够负责处理。也就是说，它有自己的专业权力。这些事情包

---

① 转引自钟祖荣. 现代教师学导论. 北京：中央广播电视大学出版社. 2001

括对教材的处理、对教育方法的选择、对学生的观察了解、对教育结果的反馈等。

4. 教师有自己的专业团体。专业团体是指行业协会。现在许多国家都有教师的专业组织。教师专业化，应该致力于建立更加紧密、更加统一的组织。

三、教师的专业化

1. 教师专业化的含义①

所谓教师专业化，是指教师个体专业水平提高的过程和结果，以及社会为实现教师职业的专业地位而努力的过程。它包含两个方面，一是教师个体的专业化，一是教师职业的专业化。这两个方面是密不可分的，是互相促进的关系。

（1）教师专业是复合性的专业，包括学科的专业性，也包括教育的专业性。而教育的专业性，不是一种纯粹的科学知识，是科学和艺术的结合，是一种技艺性的专业，具有科学性、艺术性、技能性和复杂性等特点。

（2）教师专业化的实现是一个多方面、多主体努力的过程，既需要教师自身的巨大努力，也需要国家、政府、大学的努力。教师专业化意味着国家要有教师教育的专门机构、内容和方法，要有对教师资格进行认定的专门机构和管理制度，还要有其他经济上、制度上的保证措施。

（3）教师专业化有多方面的内涵，这就是我们上面介绍的教师职业的4个方面的专业特点或内容，即服务宗旨或专门功能、专业训练、专业权限、专业团体、专业地位。

（4）教师专业化是一个持续的努力过程，这个过程不会停止，因为随着社会和教育事业的发展，教师的专业化标准也会随着提高。对教师个体而言，教师的专业化要经历若干阶段和成长过程。

---

① 转引自钟祖荣. 现代教师学导论. 北京：中央广播电视大学出版社. 2001

2. 教师职业——从封闭走向开放

在过去很长的时间里，一旦你成了一名教师，你似乎就必须终身从事这一职业，社会上的种种其他职位的招聘，也会很自觉地把你排除在外；同时，社会上有些希望从事教师职业的人，却又往往因为"专业不对口"而被拒之门外。2001年，伴随着教师资格制度的实施，教师职业开始从封闭走向开放。

（1）打破教师的终身制

长期以来，学校和教师之间形成了领导和被领导的关系。特别是在教师数量严重不足的年代，为了稳定教师队伍，学校对教师流动作了种种政策上的限制。2001年，北京市教委做出决定，对城八区新接收的大学毕业生实行聘任制，同时在部分中小学试行聘任制。这就意味着多年来形成的教师职业终身制被彻底打破。

其实，无论从人力资源配置效率上看，还是从学校的经济效益来看，实行教师聘任制都是大势所趋。我国1993年颁布的《教师法》就已明确规定："学校和其它教育机构应逐步实行教师聘任制。"聘任制是建立在学校和教师双方自愿互利基础上的契约合同关系，不仅为学校实现教师资源的最优配置提供了条件，也更好地尊重了教师自由选择的权利。

（2）不是谁都可以当教师

随着国家对教育的重视和学校自身的发展，过去并不被看好的教师职业，这几年却变得越来越吃香了。1999年底，广州市出现了1个教师职位60个人竞争的局面。2000年春，北京市举行的面向社会的首次中小学人才交流会，同样引起了社会各界人士的高度关注，当地一家报纸报道的题目就叫《你也可以当教师》。这种"喜人"的局面同样引起了教育专家的忧虑。华东师范大学教授叶澜就曾发出这样的疑问：争教位的人究竟是为何而来？其中真的都是优秀人才？教师职业究竟需要怎样的优秀人才？

同时，由于历史的原因，我国现有的教师队伍成分比较复杂，这在某种程度上决定了目前教师队伍不稳定，待遇难以落实，素质难以提高。特别是在改革开放初期，我国小学教师中具有中师、高中毕业学历的只占47%，初中教师中具有专科以上学历的只占10.6%，高中教师具有大学本科学历的只占50.8%。另据有关部门的调查，我国教师队伍的现状同样令人担心。造成这种状况最主要的原因，是我国没有法定的教师资格制度，对教师的思想政治素质、职业道德、学历和教学能力等没有法定的条件。

2001年1月，新世纪的朝阳刚刚露出地平线，教育部便在北京召开了全国教师资格制度实施工作会议，这标志着我国全面实施教师资格制度工作的正式启动。这是中国教育史上的一件大事。教师资格制度是国家实行的一种法定的职业许可制度，是国家对专门从事教育教学工作人员的基本要求，是中国公民获得教师职位的前提条件。教育部有关负责人认为，实施教师资格制度是社会文明进步、教育事业进入新的发展阶段的标志；是依法建设教师队伍，使教师队伍管理走上法制化轨道的前提；是把住教师队伍入口关，保证教师队伍整体素质的措施；是形成开放式教师培养体系，吸引优秀人才从教的途径；是形成高质量的教师储备队伍，推动教育人事改革的基础。

（3）校长和行政级别说再见

1985年我国实行工资制度改革，提出了中小学等事业单位管理人员工资待遇与行政机关级别挂靠的办法。如北京市重点中学的校长为正处级，区重点中学的校长为副处级，初中和中心小学的校长为科级等。这种中小学校长套用行政机关级别的办法，对学校的管理产生了许多负面影响：地方教育局业务科室的科长，往往很难领导省市重点中学的校长；学校间级别的差异导致了校长待遇不同，往往会挫伤级别低的校长的积极性，更不利于学校间的干部交流；因为处于同一级别，县教育局竟没有对县一中校长的任命权，等等。随着教育事业的发展，这种套用行政级别管理校长的办法，越来越影响到中小学校改革和发展的积极性。

第二节 现代教师的专业知识

教师的专业知识和专业能力是现代教师最重要的素质，是教师发挥作用的武器，因此本节的重要性是不言而喻的。

一、现代教师应该具备的知识结构[①]

从教师知识结构的功能出发，可以将教师的知识结构分为：本体性知识、条件性知识、实践性知识和文化知识。

1. **本体性知识**

教师的本体性知识是指教师所具有的特定的学科知识，如语文知识、数学知识等，这是人们所普遍熟知的一种教师知识。由于学科不同，本体性知识的具体内容是不同的。仅从一般意义上说，教师的本体性知识应包括四个方面：一是应对学科的基础知识有广泛而准确的理解，熟练掌握相关的技能、技巧；二是要基本了解与所教学科相关的知识点、相关性质以及逻辑关系；三是需要了解该学科的发展历史和趋势、该学科对于社会、人类发展的价值以及在人类生活实践中的多种表现形态；四是需要掌握每一门学科所提供的独特的认识世界的视角、域界、层次及思维的工具与方法等。

2. **条件性知识**

条件性知识是指个体在什么时候、为什么以及在何种条件下才能更好地运用陈述性知识和程序性知识的一种知识类型。条件性知识，也就是具体的教育科学知识。教育学和心理学知识被称为教师成功地进行教育教学的条件性知识。条件性知识是广大教师顺利进行教学的重要保障。

---

① 转引自钟祖荣. 现代教师学导论. 北京：中央广播电视大学出版社. 2001

3. 实践性知识

实践性知识是教师积累的教学经验，是指教师在实现教学目的的行为中所具有的课堂情景知识以及与之相关的知识。教师的教学不同于研究人员的科研活动，教师的教学具有明显的情境性。实践性知识受个体经历的影响，这种知识的表达包含丰富的细节，并以个体化的语言而存在。如果把教师的教学看作程式化的过程，忽略教师的实践知识，不利于取得富有成效的教学效果。

4. 文化知识

教师丰富的文化知识不仅能扩展学生的精神世界，而且能激发学生的求知欲，事实上，学生的全面发展在很大程度上取决于教师是否具有广泛而深刻的文化背景知识。具体说，教师的文化知识包括：马克思主义哲学理论知识，包括辩证唯物主义和历史唯物主义的知识；现代科学和技术的一般常识，包括现代学科的一般原理和现代技术的本质内涵；社会科学的理论与观点，例如法律知识、民主思想、经济学观点和社会学方法等。

二、现代教师的地位

教师地位，是指教师在社会各个部门和行业的总体中，在经济收入、掌握和参与政治权力、文化资源的分配与创造等方面所处的位置。

（一）教师的经济地位

教师的经济地位反映在教师工资和其他物质利益上。这在不同国家有不同类型：第一种，高于型，即中小学教师工资高于类似的或同等资格的其他职业的工资；第二种，相等型，中小学教师工资与其他行业同等条件人员的工资基本相同；第三种，低于型，中小学教师的工资低于其他行业同等条件者。

（二）教师的社会地位

新中国成立后，在党和政府的重视和关怀下，教师的社会地位得到了明显提高。尤其是十一届三中全会以来,党和政府把教师视为四化建设的宝贵财富,进一步落实知识分子政策,并采取了一系列切实有效的措施,提高教师的社会地位。1986年颁布的《义务教育法》明确规定:"全社会都应当尊重教师。国家保障教师的合法权益,采取措施提高教师的社会地位,改善教师的物质待遇,对优秀教师给予奖励。"我国的《教师法》专门就教师的权益、待遇作了具体规定。这为提高教师的社会地位提供了重要的法律保障。

(三)教师的文化地位

教师在文化的延续、传播和发展过程中,由于发挥了比较突出的作用,因而在文化中享有较高的地位。

(四)教师的法律地位

1. 从教师与教育行政机关的关系看教师的法律地位

作为法律关系主体一方的教育行政部门是代表着国家并以国家的名义来行使管理职权的,居于主导地位。教育行政机关正是通过依法管理、依法行政来规范教师的教育教学行为,维护教师的合法权益。其主要职责是:

(1)合理配置教师,制定教师培养、培训规划。

(2)认定教师资格,依照国家规定举行教师资格考试。

(3)管理、使用教育经费,保证教师的教育教学工作条件。

(4)受理教师的申诉。对于教师对学校或者其他教育机构提出的申诉,主管教育行政部门应当在接到申诉后,在对申诉人的资格、申诉条件审查的基础上,辨明情况,作出处理。

(5)确定教师考核的标准及方法,对教师的考核工作进行指导、监督。

(6)对教师进行奖惩。

(7)保证学校正常的教育教学秩序,维护学校、教师的合法权益。作为行政管理相对人,教师应认真执行教育行政机关的决定、命令和指示,并对教育行政机关的工作予以监督。当教师认为当地教育行政部门侵犯其根据《教师法》规定所应该享有的权利的,可以向同级人民政府或者上一级人民政府主管部门提出申诉,并可依法提起行政复议或行政诉讼。

2. 从教师与学校的关系看教师的法律地位

教师与学校的关系主要表现为任命制、聘任制等形式。学校在其权限范围内,可以决定教师雇用和解雇,向教师布置任务,监督评价教师的工作;教师在任用期限内享有教育自由权以及公民应享有的权利。对于校方侵害教师权利的行为,教师可依法提出申诉。

(1) 我国传统上实行任命制。目前我国正在进行教师任用制度改革。《教师法》第十七条明确规定:"学校和其他教育机构应当逐步实行教师聘任制。"我国《教育法》规定,学校有权聘任教师及其他职工,进行奖励或者处分。

(2) 对于学校而言,有权对符合条件的教师进行聘任;有权组织管理教师的教育教学活动,对教师实施包括奖励、处分在内的管理活动;有权对在聘教师的政治思想、业务水平、工作态度、工作成绩进行考核,为教师受聘任教、晋升职位、提高工资、实施奖惩等提供依据。学校应为教师的教学、科研、社会服务及进修提高提供相应的条件。对于教师而言,必须认真履行自己的职责,要从学校大局出发,服从学校安排。但基于教师劳动的特殊性,学校对教师必须加以合理使用,要给予教师一定的自主权,充分发挥其工作主动性和创造性。教师认为学校侵犯其教学科研、职务聘任、民主管理、工作条件、培训进修、考核奖惩等方面合法权益的,或者对于学校或其他教育机构作出的处理不服的,可以依法提出申诉。

三、现代教师的多重角色[①]

教师的角色,就是社会对于充当教师的人如何行动所寄予的一种期待和赋予的规定。教师只有按照社会所规定的角色行事,才能实现其职业的社会化,得到社会的认可;否则,社会将不予认可。在现代社会条件下,现代的教师应该具备哪些角色?我们认为,应该具备:

(1)学生的诊断师。教育的基本原则就应该是因材施教。教师应该像医生一样,先诊断,再开药,先了解学生,然后对学生实施有针对性的教育。

(2)学习的指导者。知识的传授者,是教师最原始最基本的角色。但由于社会的发展,人们获取信息的渠道更加多样化,因此,教师最重要的任务,是帮助学生学会学习,善于指导学生学习,成为学习的指导者。

(3)学生生活与心理的辅导者。教师要做学生生活和心理的辅导者,这也是社会发展和学生变化的要求。

(4)评价者与激励者。评价是教育的手段之一,对于检查学生的学习质量和促进学生的学习,有十分重要的作用。

(5)学生的管理者。学生在学校是以一定的组织形式进行学习和活动的。有组织,就需要管理。教师是教育活动的组织者和管理者,这个角色的作用,在于为教育活动的开展创造良好的环境和秩序。

(6)研究者。由于教师的角色重点从知识的传授者,转向学习、生活、心理的指导者,因而教书匠型的教师不能适应时代的需要。

(7)教育共同体的协调员。教育是家庭、学校、社区、其他社会机构共同的事业,是一个系统工程。在多样化的教育中,教师由于是教育专业人员,受过专门训练,因此应该

---

① 转引自钟祖荣.现代教师学导论.北京:中央广播电视大学出版社,2001

成为各种教育的中心人物,成为教育共同体的协调员,发挥主导作用。

(8)不断进取的人。对教师合理的角色期待,应该是一个不断进取的人,一个不断追求更高的境界、不断学习的人。

第三节 现代教师的管理

一、教师的权利与义务

《教师法》第三条规定:"教师是履行教育教学职责的专业人员,承担教书育人、培养社会主义事业建设者和接班人、提高民族素质的使命。教师应当忠诚于人民的教育事业。"这里,《教师法》开宗明义地规定了我国教师的法定含义、地位、作用和对教师的最基本的要求。

(一)教师的权利

1. 教师权利的含义

教师权利,是指教师在教育教学活动中依法享有的权益,是国家对教师能够作出或不作出一定行为,以及要求他人相应作出或不作出一定行为的许可与保障。法律上的教师权利包括教师实施某种行为的权利以及要求义务人履行义务的权利。当教师的权利受到侵害时,有权诉诸法律,要求确认和保护其权利。

2. 教师的基本权利[①]

关于教师的权利,我国《教育法》规定:教师享有法律规定的权利,履行法律规定的义务。我国《教师法》第七条对此作了具体规定。依据《教师法》规定,我国教师享有以下基本权利:

---

① 转引自劳凯生. 教育法学. 沈阳:辽宁大学出版社. 2000

（1）进行教育教学活动，开展教育教学改革和实验。简称教育教学权。

"进行教育教学活动，开展教育教学改革和实验"，是教师最基本的权利。只有具备教师资格并受聘的教师，才能享有此项权利。任何组织或个人都不得非法剥夺教师这一基本权利。但合法的解聘或待聘，不属于侵犯教师这一权利的行为。作为教师，有权依据其所在学校的教学计划、教育工作量等具体要求，结合自身教学特点自主地组织课堂教学；有权依照课程标准的要求确定其教学内容、进度，不断完善教学内容；有权针对不同的教育教学对象，在教育教学的形式、方法、具体内容等方面进行改革和实验。任何人不得非法剥夺在聘教师行使这一基本权利。而不具备教师资格的人不得享有这项权利。虽取得教师资格，但尚未受聘或已被解聘的人员，此项权利的行使处于停顿状态，待任用时方能行使这一权利。学校及其他教育机构依法解聘教师，不属于侵犯教师权利的行为。

（2）从事科学研究，学术交流，参加专业的学术团体，在学术活动中发表意见。简称科学研究权。

作为教师，在完成规定的教育教学任务的前提下，有权进行科学研究、技术开发、撰写学术论文、著书立说；有权参加有关的学术交流活动，参加依法成立的学术团体并在其中兼任工作；有权在学术研究中发表自己的学术观点，开展学术争鸣。教师在行使此项权利时，要注意处理好教学与科研的关系，使之相辅相成，更好地提高教育教学质量。

（3）指导学生的学习和发展，评定学生的品行和学业成绩。简称指导评价权。

作为教师，有权根据教育规律和学生的身心发展特点，因材施教，有针对性地指导学生的学习，并在学生的升学、就业等方面给予指导；有权对学生的思想品德、学习、文体活动、劳动等方面给予客观公正的评价；有权运用正确的指导思想和科学的方式方法，使学生的个性和能力得到充分发展。教师在行使管理学生权时,要注意加强对学生进行各方面的管理,将关心爱护学生与严格要求学生相结合,促进学生德、智、体等方面全面发展。

(4)按时获取工资报酬,享受国家规定的福利待遇以及寒暑假期的带薪休假,简称获取报酬权。

"按时获取工资报酬,享受国家规定的福利待遇及寒暑假期的带薪休假",这是教师的基本物质生活保障权利。教师的工资报酬,一般包括基础工资、职务工资、课时报酬、奖金、教龄津贴、班主任津贴及其他各种津贴在内的工资性收入。福利待遇主要包括教师的医疗、住房、退休等方面的各项待遇和优惠,以及寒暑假期的带薪休假。作为教师,有权要求所在学校及其主管部门根据国家教育法律、教师聘任合同的规定按时足额地支付工资报酬;有权享受国家规定的福利待遇。要动员全社会力量,采取有效措施,依据法律的规定,切实保障教师这一基本权利的行使。

(5)对学校教育教学、管理工作和教育行政部门的工作提出意见和建议,通过教职工代表大会或者其他形式,参与学校的民主管理。简称民主管理权。

作为教师,有权通过教职工代表大会、工会等组织形式以及其他适当方式,参与学校民主管理,讨论学校改革、发展等方面的重大事项,保障自身的民主权利和切身利益,推进学校的民主建设。以教职工代表大会形式为例,教师的参与管理权体现在以下方面:听取校长的工作报告;讨论学校年度工作计划、发展规划、改革方案、教职工队伍建设等重大问题;讨论职工奖惩办法以及其他与教职工有关的基本规章制度;讨论教职工的住房分配以及其他有关教职工的一些福利事项;监督学校管理工作。教师在行使民主管理权时,应注意遵循民主集中制的原则,并充分发挥教师本人对学校、教育行政部门工作的监督作用。

(6)进修培训权。教师有权"参加进修或其他方式的培训"。这不但是教师的一项基本权利,也是教师不断提高教育教学能力的需要。

(二) 教师的义务

法律上的教师义务，是指法律对教师必须作出一定行为或不得作出一定行为的规定，是教师依法承担的与其职务相联系的责任。它是根据法律产生并以国家强制力保证其履行的。

1. 教师义务的含义

所谓教师的义务，是指教师依照《教师法》等法律法规，因为从事教育教学工作而必须承担的责任。

教师的义务依据不同的标准可以进行多种划分：(1) 积极义务和消极义务。积极义务是必须作出一定行为的义务，消极义务是不作出一定行为的义务。(2) 绝对义务和相对义务。绝对义务是一般人承担的义务，相对义务则指特定人承担的义务。(3) 第一义务和第二义务。第一义务是指不侵害他人的义务。第二义务则指由于侵害他人的权利而发生的义务。

2. 教师的基本义务

关于教师的义务，我国《义务教育法》规定："教师应当热爱社会主义教育事业，努力提高自己的思想、文化、业务水平，爱护学生，忠于职责。"我国《教师法》第二章第八条专门对教师义务作了具体规定。依照《教师法》的规定，我国教师应当履行下列义务：

(1) 遵守宪法、法律和职业道德，为人师表。

"遵守宪法、法律和职业道德，为人师表"，这是教师应履行的最基本义务。教师是人类灵魂的工程师，要教书育人、为人师表，更应当遵守宪法、法律和社会公德、职业道德，成为楷模。

教师职业是一种专门化的职业，有着自身的职业道德准则，教师应当自觉遵守职业道德，做到敬业爱岗，热爱学生，诲人不倦，博学多才，关心集体，团结奋进。教师在传授知识时，对学生的思想品德、个性形成有重要影响，所以教师要注意言传身教，做到为人师表。

（2）贯彻国家的教育方针，遵守规章制度，执行学校的教学计划，履行教师聘约，完成教育教学工作任务。

教师在教育教学活动中，应当全面贯彻国家关于教育必须为社会主义现代化建设服务，必须与生产劳动相结合，培养德、智、体等方面全面发展的社会主义事业的建设者和接班人的方针；自觉遵守教育行政部门和学校及其他教育机构制定的教育教学管理的各项规章制度；认真执行学校依据国家对教学大纲、教学计划或教学的基本要求而制定的具体教学计划；严格履行教师聘任合同中约定的教育教学职责，完成规定的教育教学任务，保证教育教学质量。

（3）对学生进行宪法所确定的基本原则的教育和爱国主义、民族团结的教育，法制教育以及思想品德、文化、科学技术教育，组织、带领学生开展有益的社会活动。引导学生树立科学的世界观、人生观和价值观。

这是对教师教育教学工作内容方面的全面规范。作为教师，应结合自身教育教学业务的特点，将政治思想品德教育贯穿于教育教学过程之中。对学生进行政治思想品德教育，不仅是政治思想品德课教师的职责，也是每一位教师的基本义务。在德育教育的形式和方法上，应注意根据学生身心发展的特点，采用灵活生动的形式，注重实效，反对形式主义。

（4）关心爱护全体学生，尊重学生人格，促进学生在品德、智力、体质等方面全面发展。教师要关心、爱护全体学生，对他们一视同仁。人格尊严是宪法赋予公民的一项基本权利。由于学生在教育教学活动中居于受教育者的地位，其人格尊严往往容易受到侵犯。作为教师要树立尊重学生人格尊严的法制观念，不可歧视学生，更不允许侮辱、体罚学生。因侮辱学生影响恶劣或体罚学生经教育不改的，应依法承担相应的法律责任。

（5）制止有害于学生的行为或者其他侵犯学生合法权益

的行为；批评和抵制有害于学生健康成长的现象。

保护学生的合法权益和身心健康成长，是全社会的共同责任。作为教师自然更负有此项义务。教师履行此项义务具有特定的范围。主要是制止在学校工作和与教育教学工作相关的活动中出现的侵犯学生合法权益的违法行为；批评和抵制社会上出现的有害于学生身心健康成长的不良现象。

（6）不断提高思想政治觉悟和教育教学业务水平。教育教学工作是一项专业性较强的工作，担负着提高民族素质的使命，这就要求教师具有较高的思想觉悟和业务水平。同时这也是社会进步和科学技术发展对教师提出的要求。为此，教师应加强学习，调整知识结构，不断提高思想政治觉悟和教育教学业务水平，以适应教育教学的实际需要。

教师的基本权利、义务基于教育活动而产生，由教育法律规范所设定，是一种职业特定的法律权利和法律义务。它们之间是对立统一、相互依存的关系。"没有无义务的权利，也没有无权利的义务"。作为教师，既是权利的享有者，又是义务的承担者，因此应正确行使自己的权利，严格履行自己的义务。

二、教师资格制度及任用制度[①]

（一）教师的资格制度

所谓教师资格制度，是指国家对教师实行的一种特定的职业认定和许可制度，它包括由国家规定从事教育教学工作的人员应该具备的特定条件和取得教师资格的法定程序。我国的《教师法》、《教师资格条例》对教师资格的分类、取得条件、认定程序等一系列问题作了具体规定，以法律的形式确立了我国的教师资格制度。

1. 教师资格分类

关于教师资格分类，《教师资格条例》明确规定，教师

---

① 转引自劳凯生. 教育法学. 沈阳：辽宁大学出版社. 2000

资格分为幼儿园教师资格，小学教师资格，初中教师资格，高中教师资格，中专学校、技工学校、职高文化课、专业课教师资格。对于取得教师资格的公民而言，可在本级及本级以下等级的各类学校和其他教育机构担任教师；但取得中等职业学校实习指导教师资格的公民只能在中等专业学校、技工学校、职业高级中学或者初级职业学校担任实习指导教师。高级中学教师资格与中等职业学校教师资格相互通用。

2. 教师资格条件

我国《教师法》第十条规定："中国公民凡遵守宪法和法律，热爱教育事业，具有良好的思想品德，具备本法规定的学历或者经国家教师资格考试合格，有教育教学能力，经认定合格的，可以取得教师资格。"它主要包括以下条件：

（1）必须是中国公民

这是成为教师的先决条件。凡符合规定条件的中国公民均可取得教师资格。需要指出的是，虽然外国公民符合规定的条件，也可以进入中国学校及其他教育机构任教，但并不等于他们取得了中国教师的资格，他们在中国学校任教需经过一定的审批手续。

（2）必须具有良好的思想道德品质

这是取得教师资格的一个重要条件。这一要求主要表现在全面贯彻执行党和国家的教育方针、热爱教育事业、实事求是、探求真理、忠于职守、爱护学生、作风正派、团结协作等方面。教师要教书育人，为人师表，必须具备良好的思想政治道德素质。

（3）必须具有规定的学历或者经国家教师资格考试合格

从某种意义上讲，学历是一个人受教育程度和文化素质的一个标志，是人们从事一定层次工作所应具备的基本条件。

结合我国实际，我国《教师法》对各类教师应具备的相应学历作了明确规定：（1）取得幼儿园教师资格，应当具备幼师及以上学历。（2）取得小学教师资格，应当具备中师及以上学历。(3) 取得初中教师资格，应当具备高师或其他大学专科及以上学历。(4) 取得高中教师资格，应当具备高师本科或者其他大学本科及以上学历；取得中专学校、技工学校和职高学生实习指导教师资格应当具备的学历，由国务院教育行政部门规定。(5) 取得高校教师资格，应当具备研究生或者大学本科学历。(6) 取得成人教育教师资格，应当按照成人教育的层次、类别，分别具备高等、中等学校及以上学历。

依据原国家教委发布的《中小学教师考核合格证书试行办法》的规定，对于不具备国家规定合格学历的中小学教师，可申请参加国家考试，取得考核合格证书。考核合格证书设《教材教法考试合格证书》和《专业合格证书》两种。考试的内容、要求和办法，由省、自治区、直辖市教育行政部门规定。《专业合格证书》分《高中教师专业合格证书》、《初中教师专业合格证书》和《小学教师专业合格证书》三种。文化专业知识考试，一般每年一次，由省市教育行政部门领导和组织。中学教师除考试所教学科的有关课程外，均需考试教育学和心理学基本原理。教师在文化专业知识考试及格后，可向所在学校或学区申请颁发《专业合格证书》。

(4) 必须具有教育教学能力

教育教学能力是教师完成教育教学任务的必备条件。主要包括语言表达能力，科学地选择、运用教育教学方法的能力，课堂管理能力，组织能力，提高教学水平的能力等。此外，教师的身体状况也应当符合有关规定。

3. 教师资格认定

(1) 教师资格的认定机构

教师资格的认定机构，是指依法负责认定教师资格的行政机构或依法委托的教育机构。依照《教师法》、《教师资格条例》有关规定，幼儿园小学和初级中学教师资格，由申请人户籍所在地或申请人任教学校所在地的县级人民政府教育行政部门认定。高级中学教师资格，由申请人户籍所在地或申请人任教学校所在地的县级人民政府教育行政部门审查后，报上一级教育行政部门认定。中等职业学校教师资格和中等职业学校实习指导教师资格，由申请人户籍所在地或者申请人任教学校所在地的县级人民政府教育行政部门审查后，报上一级教育行政部门认定或者组织有关部门认定。受国务院教育行政部门或者省、自治区、直辖市人民政府教育行政部门委托的高等学校，负责认定在本校任职的人员和拟聘人员的高等学校教师资格。在未受国务院教育行政部门或者省、自治区、直辖市人民政府教育行政部门委托的高等学校任职的人员和拟聘人员的高等学校教师资格，按照学校行政隶属关系，由国务院教育行政部门认定或者由学校所在地的省、自治区、直辖市人民政府教育行政部门认定。

（2）教师资格认定程序

① 提出申请。认定教师资格，应当由本人提出申请。申请人应当在受理期限内提出申请，并提交教师资格认定申请表和有关证明材料。一是身份证明。二是学历证书或者教师资格考试合格证明。三是教育行政部门或者受委托的高等学校指定的医院出具的体格检查证明。四是户籍所在地的街道办事处、乡人民政府或者工作单位、所毕业的学校对其思想品德、有无犯罪记录等方面情况的鉴定及证明材料。

② 受理。教育行政部门或者受委托的高等学校在接到公民的教师资格认定申请后，应当对申请人的条件进行审查。对符合认定条件的，应当在受理期限终止之日起 30 日内颁发相应的教师资格证书；对不符合认定条件的，应当在受理期限终止之日起 30 日内将认定结论通知本人。对于非师范院校毕业而教师资格考试合格的公民申请幼儿园、小学或者其他教师资格的认定，应当进行面试和试讲，考察其教育教学能力；根据实际情况和需要，教育行政部门或者受委托的高等学校可以要求申请人补修教育学、心理学等课程。

③ 颁发证书。申请人提出的教师资格认定申请经认定合格后，由教育行政部门或受委托的高等学校颁发国务院教育

行政部门统一印制的教师资格证书。教师资格证书终身有效，且全国通用。

4. 教师资格丧失

我国《教师法》第十四条明确规定："受到剥夺政治权利或者故意犯罪受到有期徒刑以上刑事处罚的，不能取得教师资格；已经取得教师资格的，丧失教师资格。"《教师资格条例》进一步规定，依照教师法第十四条规定，丧失教师资格的，不能重新取得教师资格，其教师资格证书由县级以上人民政府教育行政部门收缴。对于弄虚作假、骗取教师资格的或者品行不良、侮辱学生、影响恶劣的，由县级以上人民政府教育行政部门撤销其教师资格。被撤销教师资格的，自撤销之日起5年内不得重新申请教师资格认定，其教师资格证书由县级以上人民政府教育行政部门收缴。

（二）教师的任用

1. 教师职务制度

教师职务制度是国家对教师岗位设置及各级岗位任职条件和取得该岗位职务的程序等方面规定的总称。我国《教育法》、《教师法》规定了国家实行教师职务制度。

（1）职务设置。根据国家有关规定，教师职务设高等学校教师职务、中等专业学校教师职务、中学教师职务、小学教师职务、技工学校教师职务五个系列。其中，高等学校教师职务设助教、讲师、副教授、教授；中等专业学校设教员、助教、讲师、高级讲师；普通中小学及幼儿园教师职务设有三级教师、二级教师、一级教师、高级教师，其中三级教师、二级教师、小学一级教师为初级职务，中学一级教师和小学高级教师为中级职务，中学高级教师为高级职务；技工学校文化、技术理论课教师职务设教员、助理讲师、讲师、高级讲师；生产实习课教师职务设三级、二级、一级、高级实习指导教师。各级成人学校，结合成人教育的特点和层次，分别执行普通高等学校、中专、中小学、技工学校教师职务试行条例。

在教师职务设置上，不同类型、不同任务学校的职务结构不尽相同。各级职务数额应视各校定编、定员的基础，按照教学科研工作的需要来合理设置。

（2）任职条件。担任一定的教师职务，必须具备相应的任职条件。从我国教师职务系列各试行条例的规定来看，担任教师职务的任职条件一般包括：① 具备各级各类相应教师的资格；② 遵纪守法，具有良好的思想政治素质和职业道德，为人师表，教书育人；③ 具有相应的教育教学水平、学术水平，能全面、熟练地履行现任职务职责；④ 符合学历、学位以及工作年限的要求；⑤ 身体健康，能坚持正常工作。除符合上述条件外，各级各类教师任职条件视岗位不同而有所差异。

（3）职务评审。一般而言，各级教师职务由同行专家组成的教师职务评审小组依据现行各教师职务试行条例的有关规定予以评审。关于教师职务评审的程序、权限以及评审组织的组成办法等，在教师职务系列各试行条例中，都有明确规定。

2. 教师聘任制度

教师聘任制，就是聘任双方在平等自愿的前提下，由学校或者教育行政部门根据教育教学岗位的设置，聘请有资格的公民担任相应教师职务的一项教师任用制度。我国《教育法》规定，国家实行教师聘任制度。《教师法》第十七条规定："学校和其他教育机构应当逐步实行教师聘任制。教师的聘任应当遵循双方地位平等的原则，由学校和教师签订聘任合同，明确规定双方的权利、义务和责任。"这项规定使得我国教师任用进一步制度化和规范化。

（1）教师聘任制度的特征。教师聘任作为教师任用的一种基本制度，具有以下特征：

第一，教师聘任是教师与学校或教育行政部门之间发生的法律行为。通过聘任确定了聘任人和受聘人双方的法律关系。聘任双方关系基于独立而结合，基于意见一致或相互同意而成立，并以平等的地位签订聘任合同。

第二，以平等自愿、"双向选择"为依据。作为聘任人，学校或教育行政部门可根据国家有关规定和学校教学科研的需要，自主确定教师结构比例；作为受聘人，教师有权根据本人的知识水平、业务能力选择适合于自己的工作岗位。

第三，聘任双方依法签订的聘任合同具有法律效力。学校与教师之间在平等地位上签订的聘任合同，对于双方均有约束力。它以聘书的形式明确规定了双方的权利、义务和责任。对于学校而言，有权对受聘教师的政治思想、业务水平、工作态度、工作成绩进行考核，并作为提职、实施奖惩的重要依据。同时有义务按合同为教师提供教育教学、科研、进修等工作条件，并支付报酬。教师在聘期间，无特殊理由，学校一般不能将其解聘。确需变动，应提前与当事人协商，意见达到一致后方可变更或解除。对于教师来讲，按照合同，享有权利，承担义务，要遵守学校规章制度，执行学校的教学计划，履行教师聘约，完成教育教学任务。聘任期满后，校方可根据教师的实际表现及岗位需要等决定是否续聘；教师可根据单位工作情况、专业要求等决定去留。

（2）教师聘任有着严格的程序。我国自1986年颁布各个系列教师职务试行条例以来，在教师聘任工作方面，取得了一定成绩，为我国教师人事制度的进一步完善打下了基础。但是我们也应看到现行的教师聘任制还不是完整意义上的聘任制。在职务评聘工作中还存有一些问题，教师任用制度改革还有待于进一步深入和加强。如何推进教师任用制度改革？我们认为，应着力做好以下工作：

第一，拓宽教师来源，利用人才市场，面向社会公平选聘教师。学校按照国家规定，根据学校教育教学工作需要，确定职位定额，明确任职条件，发布招聘信息，面向社会公开招聘。

第二，加大职改力度，实行评聘分离。所谓评聘分离，就是教师学术称号（亦指职务任职资格）的评定与教师职务的聘任分开。职称是教师学术和教学水平的标志，不受编制数量、结构比例的限制，不与工资待遇挂钩。职务是学校根据实际工作需要所设置的专业技术工作岗位，是把具有相应称号职称的教师聘任到职务岗位上履行岗位职责，它与工资待遇挂钩，有数额限制，有明确的职责和任期，有明确的任职条件，与工作岗位紧密联系，只能依附于岗位而存在。实行评聘分离，不仅有利于业务水平高、科研能力强的优秀人才走上力所能及的岗位，实现人尽其利，人尽其才，而且有助于形成合理的人才流动机制，实现教师队伍的优化组合，提高教育教学质量。

第三，加强履职考核，完善激励机制。教师受聘后，是否履行了相应的岗位职责，是否真正具有承担岗位工作的能力，需要通过考核予以确认。通过履职考核，可促进教师不断提高自身素质。

（3）教师聘任制的形式。教师聘任制依其聘任主体实施行为的不同分为以下几种形式：

第一，招聘。即用人单位面向社会公开、择优选择具有教师资格的应聘人员。一般是用人单位经人才交流部门批准后，将所需人员的任职条件、职责及工资待遇等，以广告或启示的形式发布出来，并对应聘者进行审查和考核，符合条件即予以聘任。招聘、受聘双方签订聘任合同，明确双方的权利、义务和责任。聘任合同一经成立，即具有法律效力。招聘形式具有公开、直接、透明度高等优点。

第二，续聘。即聘任期满后，聘任单位与教师继续签订聘任合同。通常是聘任期间双方合作愉快，聘任单位对在聘教师的工作满意，教师对自己的工作状况和报酬满意，双方自愿续签聘任合同。聘任书一经签订，即具有法律效力。续聘合同的内容可与上次聘任相同，也可以根据实际需要进行一定的变更。

第三，解聘。即用人单位因某种原因不适宜继续聘任该教师，双方解除合同关系。这里的原因可能是用人单位发现聘任后受聘者不符合原定聘用条件，也可能是受聘者不称职或违反有关规定，已不适合继续聘任。聘任合同具有法律效力，用人单位在解聘教师时，需有正当理由，否则应承担相应的法律责任。

第四，辞聘。即受聘教师主动请求用人单位解除聘任合同的行为。对辞聘原因要正确区分。教师因某种原因，不能继续履行聘任合同，给用人单位造成损失的，应依合同规定承担相应的法律责任。

三、教师的培养与培训

随着科学技术和社会的不断发展，新教师需要不断补充，原有教师需要不断提高自己的水平，充实、更新知识，以适应提高和改进教育教学的需要，这就需要大量培养和培训高质量和足够数量的教师。

1. 教师的培养

教师的培养体制分为两种类型，即定向型和非定向型。所谓定向型培养或者定向型师范教育，是指由师范学校培养教师的制度。而非定向型培养，是指由非师范学校比如综合性大学培养教师的制度。也有的将前者称为封闭式，将后者称为开放式。

关于教师培养的内容即课程设置，目前以学术性课程为主，教育类课程门类少，主要有教育学、心理学、学科教学法等。此外，在内容上也存在比较陈旧，缺少吸引力的现象，教育实习的时间也比较短。这种情况，正如有些专家所说，学术性、示范性都不高。

2. 教师的培训

教师培训，通常指为提高在职教师的思想政治和业务水平进行的继续教育。我国的教师培训，主要是由各级教师进修学校承担的。一般小学教师在县教师进修学校培训，初中教师在地区、市级教育学院培训，高中教师在省教育学院培训。

我国中小学教师继续教育的内容，以提高教师实施素质教育的能力和水平为重点。课程内容板块包括：思想政治教育和师德修养，专业知识的更新和扩展，现代教育理论与实践，教育科学研究，教育教学技能和现代教育技术，现代科技与人文社会科学知识等。

中小学教师继续教育分非学历教育和学历教育两大类。非学历教育又包括三类：第一，新任教师培训；第二，教师岗位培训；第三，骨干教师培训。

四、教师的待遇[①]

1. 教师的工资待遇

教师的工资报酬是指教师的基础工资、职务工资、课时报酬、津贴、奖金等在内的工资性收入。

《教师法》第二十五条规定："教师的平均工资水平应当不低于或者高于国家公务员的平均工资水平，并逐步提高。建立正常的晋级增薪制度。"之所以将教师的工资水平与国家公务员相比，是因为两者都具有为国家和社会负责的共同职责，而且从长远来看，国家公务员的工资将有较高水平，保障机制好，这样有利于教师工资水平的提高。建立正常的晋级增薪制度，也是提高教师工资水平的需要。

关于教师津贴，《教师法》第二十六条规定："中小学教师和职业学校教师享受教龄津贴和其他津贴，具体办法由国务院教育行政部门会同有关部门制定。"教龄津贴是根据教师从事教育工作的年限所给予的额外报酬，也是鼓励教师长期安心从教的重要措施。根据国务院工资制度改革小组、劳动人事部发布的《关于教师教龄津贴的若干规定》，教龄津贴的一般标准为：教龄满5年不满10年的，每月3元；满10年不满15年的，每月5元；满15年不满20年的，每月7元；满20年以上的，每月10元。教师的其他津贴，包括班

[①] 转引自劳凯生. 教育法学. 沈阳：辽宁大学出版社. 2000

主任津贴、特殊教育津贴等,是对这些岗位教师多付出劳动的一种报酬补偿,也是按劳分配的体现。教育部、财政部、国家劳动局发布的《关于普通中学和小学班主任津贴试行办法》及教育部发布的《关于中等专业学校、盲聋哑学校班主任津贴试行办法》,对于学校的班主任津贴的设置、标准等作了具体规定。

2. 教师的其他待遇

(1) 教师的住房

教师住房是教师待遇的重要方面。对此《教师法》规定:"地方各级人民政府和国务院有关部门,对城市教师住房的建设、租赁、出售实行优先、优惠。县、乡两级人民政府应当为农村中小学教师解决住房问题提供方便。"

就目前情况而言,教师住房由国家按技术职务和行政职务规定标准,按房改政策租给或售给。为了解决教师住房存在的问题,各级政府和主管部门在城市住房方面要制定切实可行的计划,增加对教师住房建设的投资。

(2) 教师的医疗

《教师法》规定:"教师的医疗同当地国家公务员享受同等的待遇;定期对教师进行身体健康检查,并因地制宜安排教师进行休养。""医疗机构应当为当地教师的医疗提供方便。"建国以来,根据有关政策规定,教师在医疗待遇上享受实报实销的公费医疗待遇。但在实际执行中,要从教育经费中列支。由于教育经费困难,医疗经费短缺,教师看病报销难的现象较为严重。《教师法》中规定教师同公务员享受同等医疗待遇,将会使教师的医疗得到较好的保障。在当前的医疗制度改革中,应根据这一原则,对教师实行倾斜政策,建立适合我国国情,费用由国家、单位、个人合理分担,社会化程度较高的多种形式的教师医疗保险制度,并建立相应的医疗救济制度和老年人医疗补助制度。为了保护教师的身体健康,要定期对教师进行身体健康检查。医院和其他医疗单位要为教师的医疗提供方便。

（3）教师的退休、退职

《教师法》规定："教师退休或者退职后，享受国家规定的退休或者退职待遇。""县级以上地方人民政府可以适当提高长期从事教育教学工作的中小学退休教师的退休金比例。"这些规定，对稳定教师队伍，合理解决教师退休后的生活待遇问题提供了重要的法律保障。

按照国家有关规定，男教师年满 60 周岁，女教师年满 55 周岁，参加工作满十年的，视不同情况，其退休费可以发给其本人工资的 60%～90%。教师退职可按国家规定办理并享受相应待遇。近些年来，许多地方通过立法，规定 30 年以上教龄的教师，可享受提高退休金比例的待遇。有的地方规定 30 年以上教龄的教师的退休金按原工资的 100% 发放。地方各级人民政府可从当地的实际情况出发，对教师长期从教的年限和提高退休金的比例作出具体规定。

第二章

现代教师的专业化发展

第一节 现代教师教学能力的构成[①]

一、教学认知能力

教学认知能力主要是指教师对教学目标、教学任务、学习者的特点、某具体内容的教学方法与策略的选择以及教学情境的分析和判断能力，主要表现为：

1. 领会课程标准及分析处理教材的能力。

2. 了解学生的能力。了解学生是教育的前提，指的是教师对学生的个性特征、心理素质、道德素质、学习能力以及身体状况等方面的了解和把握。主要内容：从整体上了解当今中小学生个性特征、能力的显著变化；了解作为独特个体的每一个学生等。

二、教学设计的能力

所谓教学设计能力是指以对教学内容和学生的理解为基础

[①] 转引自钟祖荣. 现代教师学导论. 北京：中央广播电视大学出版社. 2001

来设计总体的教学进程、教学方法和教学组织形式的能力。简言之，就是教师在上课前对教学过程中的各要素进行最优化组合的能力。其基本内容主要有：

1. 根据学生特点整合教学内容的能力

教学设计本质上就是教师课前的备课。备课一直是教学过程中基本的、重要的教学环节，备课能力是中小学教师必备的基本能力。备课要做到以下几点：教师首先必须具备一定的教育学、心理学基础知识和了解学生的基本技能；根据学生的实际状况，对教学内容进行最恰当的组合；教师要有结合自身教学特长对教学内容进行优化组合的技能。

2. 选择恰当的教学模式和教学策略的能力

为了完成预定的教学任务，必须借助具体而有效的教学模式和教学策略。对常见教学模式和策略的理解和掌握是选择恰当教学模式的基础，目前适合于中小学教学的模式主要有个别化教学、小班化教学、讨论式教学、合作教学、分层教学、情境教学等多种教学模式。

3. 把握教材重点、难点的能力

在教学设计时，教师必须把握教材的重点和难点，这样才能在教学中做到有的放矢。

三、教学操作能力

教学操作能力包括语言表达能力、课堂管理能力和使用现代教育技术的能力。

1. 语言表达能力

教师的语言表达能力是教师应该具有的职业能力之一，是教师职业要求的最基本条件，缺乏这种能力，就无法正常地与学生进行交流，更谈不上对学生的教育。一般而言，教学语言可分为口头语言（有声语言）、书面语言（教学板书）和身体语言（无声语言，例如表情、动作等）三种类型。

2. 课堂组织管理能力

课堂组织管理能力是指教师对课堂教学中各种要素进行调

控，使教学得以顺利进行的能力，主要表现为课堂教学的有序实施、营造课堂学习气氛、调动学生积极参与教学和控制课堂教学的节奏等。教师的课堂组织管理能力建立在教师对每一个学生了解的基础上，建立在对教学内容的深刻把握上，否则教师不可能具有良好的课堂管理能力。其具体要求是：必须具有按照教学设计实施教学方案的能力，如导入新课、创设最佳教学情境和教学总结等；同时，教师要能有效地"管理"学生。

3. 运用现代教育技术的能力

教师除具有使用传统媒体（如教科书、黑板、挂图等）的能力外，还必须具有使用现代教学媒体的能力。教师运用现代教育教学技术的关键，不仅仅是教师能够使用各种教育教学设备，而是如何使用这些设备提高教与学的质量。现代化教学媒体不是教育的装饰品，而是要发挥教学作用的工具。其中要注意：运用现代化多媒体教学手段，要注重发挥教师的主导作用，学生的主体作用；多媒体的使用应符合学生思维发展的特点；多媒体的使用应符合教学内容的特点。

四、教学监控能力

1. 教学监控能力的含义、结构与特征

教师的教学监控能力，是指教师为了保证教学的成功，达到预期的教学目标，而在教学的全过程中，将教学活动本身作为意识的对象，不断地对其进行积极主动的计划、检查、评价、反馈、控制和调节的能力。

根据教学监控的对象，可以把教学监控能力分为自我指向型和任务指向型两类。根据其在教学过程不同阶段的表现形式的不同，教学监控能力可以包括以下几方面：计划与准备；课堂的组织与管理；教材的呈现；言语和非言语的沟通；评估学生的进步；反省与评价。

教学监控能力是教师对自己的教学活动所进行的积极、主动的评价、反馈和调节，它有以下几个特征：能动性；评价与反馈性；调节与校正性；普遍性。

2. 教学监控能力的作用

教学水平高的教师，其教学监控能力一般也高，即他们具有较多的关于教育、教学、教学方法等方面的知识，善于计划、评价、调节自己的教学过程，灵活地运用各种策略，以达到预设的教学目标。教学水平低的教师则正相反。这说明，在具备一定的学科知识以后，教学监控能力已成为影响教师教学效果的关键性因素，我们常看到有些教师的学历虽高，但教学效果并不一定好，而学历低的教师教学效果不一定差，这其中的原因便可由教学监控能力的差异得到解释。

3. 教学监控能力的培养

有以下几种技术可以提高教师的教学监控能力：认知的自我指导技术；角色改变技术；教学策略培训；教学反馈、反思技术；微格教学。

第二节　教师专业化及专业化的本质特征

一、专业化与教师专业化

1. 专业化的含义

专业化是一个社会学概念，其含义是指一个普通的职业群体在一定时期内，逐渐符合专业标准、成为专门职业并获得相应的专业地位的过程。

自从人类社会出现了各种职业后，各种职业之间的高低及贵贱之别就成为人类社会中的普遍现象。到17世纪，欧洲部分职业群体便从众多职业中分化出来，被社会认可为"专业"。

由于那些被社会认可为专业的职业群体一方面承担着不可或缺的社会功能，社会赋予从业人员极大的责任并提出了很高的要求；另一方面，从业人员在掌握专业知识和技能、履行社会职责过程中要花费更多的社会必要劳动时间，因此专业群体占有更多的社会地位资源，如：权力、工资、晋升机会、发展前途、工作条件、职业声望等。换言之，能占据社会分层中的较上层。因此，对于一些新兴职业来说，其专业化的过程就是提升职业群体社会地位的过程。

2. 对教师专业化的认识及其发展

教师的专业化程度究竟如何？这是各国学者长期讨论的问题。我国早在20世纪30年代就对教师职业展开过讨论，当时有一种很鲜明的观点："教师不独是一种职业，并是一种专业……性质与医生、律师、工程师相类"。但至今，对教师是不可替代的专门职业仍未形成共识。教育部师范教育司有关负责人认为，原因可能有三方面：一是在中小学教师数量尚不能满足需求时，教师队伍中难免有一部分人不合格，不称职；二是中小学教师这一专业在我国发育得不够成熟，专业性不够强，中小学教师整体素质不高；三是这一职业有一定的特殊性，教师的劳动成果通过学生的知识、能力、素质、个性、品性等诸方面的提高来体现，某个教师的直接教学效果难以得到定量的确定，不易看到即现的成败效应。因此，当前还有不少人认为教师职业有一定的替代性，或者起码只能处于一个准专业的水平，误认为只要有一定的学科知识就能当教师。

现代教师职业是一种要求从业者具有较高的专业知识、技能和修养的专业。从专业职业的特征来看，教师职业离成熟专业的标准还有一定差距，教师职业是一个"形成中的专业"，教师专业化是一个不断深化的历程。

在教师专业化的进程中，20世纪80年代出现了一个转折，即从追求教师职业的专业地位和权利到重心转向教师的专业发展，教师的专业发展成为教师专业化的方向和主题。人们越来越认识到，提高教师专业地位的有效途径是不断改善教师的专业教育，从而促进教师的专业发展。只有不断提高教师的专业水平，才能使教学工作成为受人尊敬的一种专业，成为具有较高的社会地位的一种专业。

3. 我国教师专业化的现状

我国有关法律已经为推进教师专业化提供了基本的制度保

证。1994年我国开始实施的《教师法》规定"教师是履行教育教学职责的专业人员",第一次从法律角度确认了教师的专业地位。1995年国务院颁布《教师资格条例》,2000年教育部颁布《教师资格条例实施办法》,教师资格制度在全国开始全面实施。2000年,我国出版的第一部对职业进行科学分类的权威性文件《中华人民共和国职业分类大典》首次将我国的职业归并为八大类,教师属于"专业技术人员"一类。

从2001年4月1日起,国家首次开展全面实施教师资格认定工作。我国现有一千多万中小学教师,是国内最大的一个专业团体,承担着世界上最大规模的中小学教育。尽管我国教师的教育教学活动已经在一定程度上达到了专业化标准的要求,但是与发达国家相比,教师专业化尚有不少差距。我国小学和初中教师的合格学历起点偏低,部分教师职业道德意识淡漠,许多教师教育观念陈旧落后,创新意识和研究能力不强,教学方法和手段落后,知识面狭窄,这些都是不能忽视的重要问题。随着教育整体水平的提高,特别是随着基础教育改革的不断深化,我国的教师质量与全面实施素质教育要求的差距明显表现出来。改革与发展教师教育,推进我国中小学教师的专业化水平势在必行。

教师教育一体化、建立开放的教师教育体系,改革教师教育课程和走向专业发展的教师继续教育,是世界教师教育改革的趋势。在这些方面,我们存在明显的不足,因而,这些方面也是我国提高教师专业化水平,促进教师教育改革与发展的方向。

中国教育学会会长顾明远教授认为,专业化与开放性是我国教师教育当前面临的两大问题。教师是专门职业,必须经过专门学习和训练。要提高教师的专业化水平,目前教师教育的专业结构必须调整,要重建适应课程综合化和多样化要求的专业,加强实习、实践环节。只有延长学制,才能兼顾学科专业学习和教师职业训练。

教师教育的开放是大势所趋,但开放的实质不是教师教育的转型，而是教师教育质量的提高。过去是师范院校之间竞争，今后师范院校还要与综合大学及其他院校竞争。实行开放的条件，就是必须实行教师资格证书制度。否则，就等于取消教师教育，等于不承认教师是一个专业化的职业。

二、教师专业发展

（一）教师专业发展的含义

"教师专业发展"的概念是一个不断发展的过程。"教师专业发展"只在最近几年才被作为一个概念提出来。在我国，关于"教师专业发展"有两种不同理解，一种理解是将教师所从事的职业作为一门专业，是其发展的历史过程；另一种理解是教师由非专业人员成为专业人员的过程。概言之，教师专业发展指教师职业的发展或教师个体的专业成长过程。

"教师专业化"和"教师专业发展"的概念有所区别。我国教育学家叶澜则认为，"教师专业化"主要强调教师群体的、外在的专业性提升，而"教师专业发展"则是教师个体的、内在的专业性的提升。笔者认为，教师专业化是一个动态发展过程，在这一过程中，教师通过专业组织接受专业知识、专业技能等方面的培训，并通过专业实践提高自身的专业素质，实现专业自主。与教师专业发展相比，教师专业化是国家或社会对教师群体的客观要求，教师个体处于被动地位；而教师专业发展则是教师主动适应职业要求，不断实现自我更新的过程，在这种自我更新过程中，既包括教师教育信念的不断增强和教育教学技能的提高，也包括教师知识结构的不断完善。完善的教师知识结构在教师的专业发展中具有重要地位，并发挥着至关重要的作用。

（二）"教师专业发展"的内涵界定

1. 教师从事的职业属于专业范畴

教师从事的职业能否算做专业，对此理论界曾开展过讨论。目前来看，我国从事教师成长与专业发展研究的学者们（也包括大多数一线教师）已经认清了这个问题，即教师应该被视为专业人员，其从事的教书育人的职业是一种专业。一些学者还根据"专业"具有的特质来加以验证，比如依据对"专业"已有定义的研究，概括出如下特征：(1) 有自主权利的专业团体与明确的职业道德；(2) 有高度专门的知识和技能，并自觉使其发展；(3) 有服务和奉献精神。

2. 教师专业化发展的内涵

现代教师职业是一种要求从业者具有较高的专业知识、技能和修养的专业，许多学者参照专业的定义和条件来衡量教师的工作及其职业地位，发现无论是专业技术基础，还是专业自主权和责任方面，教师都并非完全的专业性职业，而只能称得上准专业性职业，教师职业离成熟专业的标准还有一定差距。

所谓教师专业化发展，就是教师按照工作岗位的需要，通过不断地学习与训练，获得学科专业知识与教育专业知识技能，实施专业自主，表现专业道德，逐步提高从教素质，取得相应的专业地位的过程。

首先，教师是专业人员，应提供专业化服务。教师要怀着崇高的服务社会的理想走进教师职业，相信学生的成长、自我的进步、社会的发展这三者在职业中是融为一体的。教师不仅要具备从事教育活动的专门知识和技能，而且要求能在教学实践中把教育科学理论知识和技术内化为教师自己的应用知识和技能，并能在实际的教学中强调全面培养学生的素质，使每一个学生都能得到个性化的发展。

其次，教师专业化发展应包括显性素质和隐性素质双方面的发展。教师专业化应包括智力和道德品质两方面的因素，其中教师的智力因素是显性素质，它是教师专业化的基础；教师专业道德则是内在的品质，属于隐性素质，不易被测评而相对隐蔽。二者相辅相成，构成整体素质，只有提高教师的这两种素质，才是教师专业成长发展的主要标志。教师专业化需要的不仅仅是知识和能力，还需要信念和意志，它是一种"理念型"专业，比其他专业更加强调专业精神。职业理想和专业追求应是教师专业化发展中最具有生成性的活跃因素，它应贯穿于教师发展的全过程。

再次,教师专业化发展是一个不断发展的过程,包括专业适应期、稳定期和成熟期三个阶段。教师专业发展的阶段之间有一种相互渗透、相互作用和相互制约的关系,要着眼于教师的持续发展,以终身教育的观念去审视每一阶段的基本任务,找到教师专业发展中最富活力的"生长点"。

（三）教师职业专业化是我国师范教育的必然发展趋势

我国是师范教育起步较晚的国家,教师专业化尚处在初级阶段。综合研究教师职业发展的历史,分析世界教师教育的发展潮流,探讨中国教师教育改革的方向,我们的结论是:必须提高教师的专业化水平,使教师成为与医生、律师、建筑师类似的专业工作者。这是新世纪中国教育改革和发展的必然走向。

1. 从我国教师教育改革的需求来看,目前我国师范教育和中小学教师队伍建设都面临着严峻的挑战。中小学在深化改革中,全面推进素质教育。它涉及教育思想和观念、教育教学模式、教育体系结构、教育管理体制、课程体系和教材、评价和考试制度、教育技术手段,等等。所有这些,都涉及中小学的师资队伍建设,要求有更高的专业化水平和更高素质的教师。但我国教师的整体素质和专业化水平与先进国家相比仍然偏低,难以适应我国现代化建设特别是全面推进素质教育新形势的需要。

2. 从终身教育来看,需要赋予师范教育以新的理念。任何职业水平的发展都有"高原现象"。研究表明,教师在从事教职五六年后已基本定型,如果不实施强有力的继续教育,使其职业价值、性格、手段等全方位更新;通过回归进修的形式摆脱对原教育文化环境、现实利害关系、心理习惯定势等方面的功能性固着,其职业水平将在垂直层级上停顿。这表现为职业性格的封闭保守、职业性知能结构的僵化陈旧、思维领域的世俗功利,以及创造个性的萎缩凋谢。我们现处在科技发展一日千里、知识陈旧率周期进一步缩短的年代,人类开始步入教育终身化、全民化、个性化的学习社会,终身教育观念深入人心。师范教育的概念也不能再局限于职前教育,而应被赋予终身教育的新理念,在逐步延长教师职前教育年限的同时又不断拓展教师在职教育并强化二者的有机联系,使之成为一体。教师教育的职前预备模式非要转到不断提高专业化水平的终身模式不可。

3. 我国1994年1月开始实施的《教师法》规定"教师是履行教育教学职责的专业人员。"这是我国教育史上第一次从法律上确认了教师的专业地位。它既包含了教师这一职业从业人员的生存和发展的需要,也包含了教师这一专门职业从社会分工角度来看的专业性要求。1995年,我国又建立了教师资格证书制度。这些为提高教师专业化程度和发展高等师范教育提供了条件和机遇。然而,我国长期以来受传统教育观念的影响,对"专业"、"专业人员"的研究不够重视,对教师工作的专业性认识不足。社会上不少人,包括教育系统内部的一些人也认为中小学教师所教的知识较浅,没有很高的学术性,谈不上专业性,似乎谁都可以做中小学教师。部分中小学教师教育教学专业素质不高,教育教学方法不当甚至错误,也说明中小学教师的专业化程度有待于提高。

三、我国教师专业化发展的障碍[①]

在我国教师专业化的道路上有许多问题值得研究,在观念层面、制度层面、培养层面、实践层面、评价层面等方面所遇到的障碍需进行实践与探索。

1. 观念层面——纠正错误观念,树立教师专业化新理念

提高教师的专业化水平,首先要提高对教师专业化的认识。我们不仅应当从教师专业性事实的角度去认识教师队伍的专业化问题,而且应该从社会发展、文化进步的高度去看待教育及教师的专业化问题,应当采取切实可行的措施加大对教师

---

① 转引自网页 http://www.tiangablog.com/blogger/post.atai119. 提交日期:2005-04-11

专业化重要性的宣传力度，让更多的人认识到这一事业的重要性。

我国在教师专业化问题上，观念层面的障碍主要体现在两个方面。一是教师是不是专业人员，教师可不可以被替代。二是未来教师角色的转换问题。

首先，教师专业化的观念已成为社会的共识，教师职业从社会功能层面、专业发展制度层面、专业组织层面来看，与其他专业相比，还存在一定的距离，还不是严格意义上的专业。但人们对教师专业化持支持的态度，认为提高教师的专业性，并使这一职业发展成为被普遍认可的专业，是提高教师地位和职业素养的科学渠道。要使人们明确，教师的劳动不同于一般的劳动，教师工作要求教育工作者既是学科知识方面的专家又是学科教学和教育知识方面的专家，教师必须经过专门训练，要树立教师是个专门职业、教师职业具有不可替代性的新理念。

其次，未来教师角色的转变。华东师范大学课程与教材研究所教授钟启泉先生认为，教师角色的转变，亦即教师的"传道、授业、解惑"在现时代应该是从"单纯道德说教"转变为"确立人格楷模"，从"灌输现成知识"转变为"共同建构知识"，从"提供标准答案"转变为"共同寻求新知"。教育者本人应树立强烈的专业化的教育理念，不仅视自己为新型的知识传授者，而且要视自己为教学过程中的促进者，研究者、改革者与决策者。

2. 制度层面——为完善教师教育制度，建立系统的教师专业化保障体系

教师专业化不仅是一种观念，更是一种制度。必须以建立完善的教师教育制度作为保证。我国新近颁布的教师资格证书制度，不但是提高教师专业化的政策导向，而且是教师专业化进程中最重要的成果和最有力的保证。不过，在教师资格制度实施过程中出现了一个不容忽视的问题；几乎所有在职教师都"自然过渡"了。面向社会认定教师资格，吸收非师范优秀人才从事教师工作，打破了师范院校"专营"教师教育的格局，

也是世界教师教育发展的共同趋势,普遍在于"择优上岗"。但若"门槛"设置过低,则资格认定易流于形式。目前,教师资格证书制度还缺乏科学鉴定,操作过程还不规范。另外,在教师教育课程鉴定制度、教师教育水平等级评估制度等方面也要逐步加强和完善。

为建立健全教师专业的制度保障体系,一方面,从教师教育专业化水平来看,需要建立质量保证体系,即建立教师资格证书制度,建立教师资格证、制定教师资格认证标准和确立教师资格认证考试制度、以专业资格证书制度取代学历教育等,使教学专业水平得到保障。另一方面,需要健全完善的管理和法律制度保证。随着社会和教育的发展,我国在制度层面还需逐步加强和完善,以促进教师教育专业化的发展。

3. 实践层面——加强教育理论和教育实践的结合,突出教师专业化的特色

(1) 加强教育理论和教育实践的结合

师范教育中教育理论和教育实践相脱离,使师范生在课堂上不能很好地维持课堂秩序,对课堂含义及学生状况缺乏足够的了解。造成这种情况的主要原因是:学生所学教育类课程门类较少,整体性差,教育理论陈旧和落后,充其量只是一些抽象的原则、指令和各种规范,而非系统的教育理论知识。从目前我国师范院校的实际情况看,学生参与教育实践的机会很少,仅限于可有可无的教育见习和毕业前的实习。教育实习时间短,仅一个月左右,且普遍不受重视,部分学校甚至对实习生采取"放逐"政策,实习生自己联系实习单位,自己组织实习活动,最终只需把一纸实习鉴定交回学校即可,教育实习流于形式,再加上多集中于毕业前夕的半年时间里,学生体会到"书到用时方恨少"的含义,想再回头学习也"为时晚矣"。教育实习应有的作用得不到发挥,不能有效地提高未来教师的教学实践能力。因此,目前的教育见习和实习的形式必须彻底改革。江西师大为了加强大学生实践锻炼,正在试行"新农村建设支教实习工程"。在三四年级学生中选拔学生到农村中学支

教一个学期。这样，大学生的实践锻炼加强了，农村中学的师资不足问题也得到了进一步缓解。同时，加强师范院校和中小学校的合作伙伴关系，为解决我国师范生实习问题和提高在职教师的专业发展指明了方向。

（2）培养职前和在职教师的反思意识和行动研究能力，加强教师的自主性

反思是指教师以自己的教学过程为思考对象，对自己的教学行为、教学结果审视和分析，从而改进自己的教学实践并使教学实践更具合理性的过程。它是一种自我批判性的态度和方法。反思的过程是教师的自我纠错、自我教育的过程，对于促进教师的成长具有重要意义。行动研究是一种可以形成原理和理论的应用研究，它是以行动为导向的，也是专业发展的一种形式。这样一来、实践和发展就不再是分离的了。要重视教师的反思性判断力的培养，突出"反思性实践者"的角色，发现和解决教育中的相关问题，改变教师形象，突出专业化特色。应当强调的是，要把教师的专业发展扎根于自己的实践当中，无论是职前培养时期，还是在职培训时期，都应当在教育实践中进行，与学校日常生活联系在一起，与身边的教学、与学生的变化联系在一起。教师成为"研究者"，可以提高教师的自身素质和教育质量，沟通理论和实践。因此，有意识地培养师范生和在职教师的反思意识和行动研究能力有利于促进教师形成一种持续的自我发展能力。

4. 评价层面——为全面实现教师专业化，建立完善的教师素质评价机制

全面实现教师专业化，提高教师素质是关键。在提高教师素质的过程中，除制定相关法律法规，改革师范教育，加强和改进在职教师的继续教育外，建立一套完整的教师素质评价机制，在目前形势下显得尤为重要。这是因为：一是我国目前仍然没有一套能与教师专业化要求相适应的评价机制。二是即使各个学校制定了一些评价机制，比如教学水平高往往就被认为是教师素质高，但大多是单一的缺乏系统的科学的综合评价方

法。因此，我们必须对教师素质的综合评价方法进行改革。通过评价改革，更好地促进教师专业化的发展。

四、教师专业化发展的趋势

1. 教师的专业发展制度逐步成为大学教育制度的重要组成部分

目前，许多发达国家中小学教师的培养已逐步发展成为大学教育制度的一个重要组成部分，大学在教师专业发展中所起作用越来越大；中小学教师的学历都提高到大学毕业以上水平，一般都具有学士以上学位；同一教师培养机构分别培养幼儿园、小学、初中、高中教师，在学历培养程度上没有差异，只是所学课程有所不同。日本教育职员养成审议会提出，今后的中小学教师应该以硕士毕业生为主，要求设置大学本科和硕士学位相衔接的六年一贯制教师培养课程，这样，就大大提高了中小学教师的学历和学术水平，使中小学教师成为有较高学术水平并受过较长时期专门训练的职业。可以预见，未来的教师专业，将是高学历高水平人才汇聚的行业，也是一个专业素养要求极高的专业，教师的专业发展制度将逐步成为大学教育制度的重要组成部分。

2. 教师教育研究能力的培养成为教师专业发展的重中之重

20世纪80年代以来，"教师成为研究者"的观念广为流传，这种观念来自于"专业人员即研究者"的启示，其基本假设是教师有能力对自己的教育行动加以省思、研究和改进，提出最贴切的改进建议。目前人们几乎把"教师成为研究者"当作了教师专业化的同义语，而是否具有较强的教育研究能力，又成为区分一个教师是专业教师还是非专业教师的根本标志。从斯腾豪斯的"教师成为研究者"到埃利奥特的"教师成为行动研究者"，再到凯米斯等人的"教师成为解放性行动研究者"，我们看到的不仅是对教师专业研究能力要求的不断提高，而且是对教师专业自主和发展的强化。随着教育改革的不断推进，教师教育和教师专业化不断得到重视和加强，教师的教育研究能力越来越成为教师专业发展的重中之重。

3. 教师专业发展越来越依靠教师教育改革，并要求发挥教师在学校的作用

教师教育是对教师培养和教师培训的统称，是指在终身教育思想指导下，按照教师专业发展的不同阶段，对教师职前培养、职初培训和在职研修做通盘考虑、整体设计。教师教育专业包括学科专业和教育专业，通过改革教师教育，促进教师专业发展，提高教师专业化水平。如今世界许多发达国家，已彻底改变过去只有师范学校或大学培养师资的单一型的师资培养模式，使教师教育在综合大学或师范院校联合培养的空间下整合学术性和示范性，师范生可以接受到与其他专业的学生相同的四年大学文理基础知识和学科专业知识教育，使其学术水平不低于其他专业的学生；同时又能在此基础上接受一个相对独立和集中的阶段（1—2年）的教育科学方面的专业训练，将学术性与示范性结合起来，教师教育的专业化也相应提到与文理工商等专业并驾齐驱的地位。

另外，在教师专业化的进程中，教师所在学校的作用也越来越受到重视，日益成为教师专业发展的重要促进力量。教师所在学校是教师工作、生活和学习的主要场所，是教师育人的主要场所，也是教师本人成长发展尤其是专业发展的关键所在。"教师专业化发展就是要在学校教育中使教师和学生都获得成功。"如"校本培训模式"的实施、"教师发展学校"的建设等都是通过发挥教师在学校的作用促进教师专业发展的有力措施。在未来的教师专业化发展中，教师所在任职学校的作用，已越来越引起人们的重视和关注并日益成为教师专业发展的关键环节。

4. 教师任用实现证书化，教师专业工作者的社会形象日趋凸显

许多发达国家为保证教师的专业发展和教学工作的专业水平，普遍实行了教师资格证书制度。教师资格证书不仅对从事教学工作的人提供资格保障，同时对在任教师颁发不同种类的

教师证书，可为教师的专业发展创造机会并将激励建设性的专业发展活动。我国随着《教师法》、《教师资格条例》的颁布实施，以及教师资格证书制度的推行，教师专业化的进程也正在不断加快。今后，我国教师资格证书制度应依据教师专业化特征所需要的教师专业素养要求，按照循序渐进原则，进一步规范、健全和完善，教师专业工作者的社会形象也因此会更加凸显。

5. 教师教育机构和课程实施认定制度，为教师专业化保驾护航

目前，世界各国均把提高教师专业化水平、加强教师队伍建设，作为提高基础教育办学质量的突破口。我国也面临同样的问题。随着"两基"任务的完成，提高办学质量就成为重中之重。现在，我们提出基础教育要向全面实施素质教育转轨，这对教师提出了新的要求。教师素质正在受到基础教育变革形势的挑战，而应战的对策唯有提高专业化水平。就师资队伍建设而言，我国的师资培养正处于由扩充数量到提高质量的过渡阶段。我国《教师法》规定，"教师是履行教育教学工作的专业人员"。作为专业人员的教师，仅有学科知识是不够的，还需要经过教师教育专业的训练，有专门的教师从业资格要求和专门的职业规范要求。20世纪70年代末以来，我国中小学教师的在职培训是以教材教法过关培训开始，经过学历补偿教育，从20世纪80年代后期开始，向旨在提高教师专业能力的继续教育迈进。继续教育已成为教师在职培训的重要形式。1999年9月13日，教育部颁布的《中小学教师继续教育规定》指出："参加继续教育是中小学教师的权利和义务"；"中小学教师继续教育原则上每五年为一个培训周期"。这标志着我国教师的在职培训也已走上了法制化的道路，这也从一个方面说明我国正在不断努力推进教师专业化的进程。

第三节　促进教师专业化发展的途径及对策

一、促进职业教育教师专业化的途径

1. 提供精致化的有效培训

（1）教师培训必须遵循教师成长的规律，要因材施教。目前，职业教育教师的培训大多集中在学历的提高上，也就是重视不合格教师的培训，而忽视合格学历教师的培训，目标比较单一。有效的教师培训应是使所有教师都能在原有知识、能力以及综合素质基础上有进一步的提高。教师在每一发展阶段上的已有水平同客观要求之间的矛盾成为教师不断发展的动力，他们所面临的问题使教师的需求、关注点不断产生新变化。例如，处于适应期的新教师最关注的是熟悉钻研教材和新环境、新岗位的适应问题；处于发展期的教师最关心的是思考自己的教学与其他教师的不同，尝试总结经验，形成风格；处于创造期的教师更加关注如何根据学生特点进行灵活有效的教学。所以要分层次对不同发展阶段的新老教师进行培训，要根据教师发展的连续性与阶段性特征，来规划教师教育，以便能够给予教师适时适当的援助，创造适当的"生态环境"支持教师走出困境。

（2）要实施人性化的教师培训。教师在参加培训过程中，只是各种培训活动的参与者，但实际上从培训内容到培训形式，培训者都忽视了教师的主体性。培训中要把教师作为培训的主体来对待，形式上尽量生动活泼，改变其处于被动地位的状态，使其主动地参与进来，否则培训直接的损耗可能表现为教师"奉命"学习或"被迫"学习所引起的积极性低下、形式化和功利性追求等，不仅占用教师大量的时间，而且影响了教师继续教育的效果。

（3）要考虑职业教育教师的来源渠道。我国从事职业教育

的教师来源很广,既有高等院校分配而来的,也有从相关单位调入的,还有直接从企业单位请来的。他们来源不同,其优势各异,也各有其薄弱的方面。对于从师范院校毕业,拥有教育理论的学习和教育活动研究的能力的教师,却相应地缺乏实践能力,应联系管理水平高、技术水平先进的的企业,派他们进入工作岗位挂职学习和锻炼;对于从企业事业单位调入或高职院校毕业的教师则应参加教育基本理论的培训。

2. 通过学习型组织促进职业教育教师的专业化发展

学习型组织概括地说,它是通过培养弥漫于整个组织的学习气氛,充分发挥员工的创造性思维能力而建立起来的一种有机的、高度柔性的、扁平化的、符合人性的、能持续发展的组织。学习型组织的基本单位是众多会学习的团体,就学校来说,有学校、教研组、年级组三种基本的学习型组织,教研组和年级组是处于同一等级的组织,学校属于上一级的学习型组织。学习型组织具有持续学习的能力,具有高于个人绩效的综合绩效,是促使组织内人员提升学习能力的最大利益组织。学习型组织能促使教师有效地进行沟通和交流,即以分享为目的的教学交流。各教研组和年级组可定期举行研讨会,不仅是同一学科或专业的学习,不同学科或专业也存在学习的可能。教师在一种合作的文化氛围中,可就个体的生活史进行叙述,成为团体分享、交流和学习的过程,开放性的对话和讨论会使每位教师的思想得到启迪,教学行为得到改善,同事的思想和良好的建议成为自己专业发展的重要资源,帮助教师达成个人的、社会的和专业的三方面发展。

3. 通过批判性教学反思,形成教师个人实践理论

教师的个人理论是教师经由个人实践而形成的知识与理论,是教师对于教育、教学,以及教师专业的一整套的观点、价值、理解、假设等,呈现出内隐和实践性强等特征。要真正促进教师的专业发展,就要树立"实践科学"的转向,重视教育实践在教师自主发展中的特殊地位与作用,特别是要关注教师在教育实践中个人理论的形成。职业教育本身是一种实践性

很强的教育，教师个人的实践理论应在教师的专业发展中具有更为重要的作用。但现实是职业教育的教师培训往往将培训内容局限在公共知识方面，缺乏对教师个人实践理论的重视，而且让教师用这种公共的知识指导其个人化的教育实践活动，这种现象导致培训内容难以使教师形成丰富的个人理论，并在实际的教学中造成理论与实践的脱节。

教师的个人实践理论要通过教师的教学反思来形成。已有的研究表明，教师个人实践理论既是接收外界信息的过滤器，又是决定教师行为的核心因素，而且随着教育教学实践经验的积累和丰富，教师对公共知识的依赖性在不断减少，而对通过自己的教学反思所形成的个人实践理论的依赖越来越强。专业理论要经过教师个人实践理论的过滤才能被接受，而教师的计划、决策和行为也都直接受其影响。教育理论的传授、师徒制的开展如果不能促进教师自身个人实践理论的更新，就不会对教育实践产生实际的效果。真正、直接对教育实践起作用的是教育实践工作者尤其是教师的个人实践理论。教师要不断地反思自己的知识系统、信念系统、行为系统，以转变不正确的信念和知识，修正不合理行为，从而使教师处于更多的理性自我控制之下，摆脱外在无形有形的束缚，使教师的专业成长始终保持一种动态、开放、持续发展的状态。

4. 触动教师的缄默性知识

20世纪著名的物理化学家、思想家波兰尼提出了缄默知识理论，他的名言"我们所认识的多于我们所能告诉的"揭示了人类的知识不仅包括可以用概念、命题、公式、图形等加以陈述的显性知识，而且包括那些个体自己意识不到，或者只是模糊地意识到，但"不能通过语言进行逻辑的说明，不能以规则的形式加以传递，也不能加以批判性反思"的缄默知识。通过内隐学习而获得的缄默知识是直接指导与支配个体的行为的，内隐获得的知识能比外显知识保持更长的时间，内隐认知学习系统具有较强的耐久性。内隐认知机制在个体发展的早期就已经存在，并成为其后有意识的外显学习的基础。教师在师范院校和工作岗位上学习教育理论时，先前形成的缄默教育知识、隐性教育观念以及相应的心理期待会影响他们对教育理论课程中所学知识的理解。这种先存观念的"过滤"作用不仅会过滤掉师范学校和工作岗位所学理论的价值阐释力和指导性，也把专业活动中最能生成新经验和新观点的批判精神和反思能力分离出专业领域，导致教师在教学中获得的教育理论知识也就不能被真正内化，支配其认识和行为的仍是先于此而存在的缄默教育知识系统。因此，他们可以说出新的名词概念、理论观点，而教育行为却可能变化不大。可以说，缄默知识"仍然是非常重要的知识类型"，因为它事实上支配着整个认识活动，为人们的认识活动提供了最终的解释性框架乃至知识信念，这种知识是教师本人的内在结构中的一部分，且与其结构中其他知识获得了某种价值上的和谐与平衡，构成某种具有超稳定性的惯性力量。

二、教师专业化发展的对策

加强教师的专业化建设既是提高教师的社会地位的内在需要，也是促进教师素质提高的重要措施之一。教师素质的提高，一方面有赖于教师本人的努力，而另一方面有赖于我们促进教师素质提高的机制的完善和健全。要使我们的教师适应新课程的需要，必须建立健全教师专业化发展的机制，促进教师整体素质的提高。

1. 用"教师教育"的理念取代"师范教育"的观念

传统"师范教育"观念的局限性在于片面强调教师的定向和计划培养，缺乏开放与竞争；过分突出教师的职前培养，忽视教师的职后培育和终身教育。师范教育中对学科专业基础、学术能力的强调与教育专业技能或教育类课程的学习之间存在巨大的冲突，不利于教师职业专业化的顺利发展。在市场经济和信息时代，在知识经济日益逼近的今天，传统的师范教育观念已经总体上落后于时代，教师培养模式必须引入市场竞争机制，师范教育必须吸取教师职业专业化，教师教育职前、职后一体化的终身教育理念等新的教师教育观念。因此，必须实现由"师范教育"到"教师教育"的观念更新。

今天，人类开始步入教育终身化、全民化、个性化的学习社会，终身教育观念深入人心。因此，我们必须赋予教师培训以终身教育新理念。在培养、培训时要重视教育基本理论的学习，既重学术性，又重示范性，促进教师的可持续发展。同时还要把握国际国内教育发展的新理念，转变教育思想，更新教育观念，切实推进课程改革。

2. 注重职前教育与职后教育的衔接

近几年来，持续、快速的课程变革使教师职后教育迅猛地发展起来。这使教师培养与培训不得不面对一个问题：如何处理好职后教育与职前教育的关系？从目前情况看，我国教师的职前与职后教育严重脱节，其结果是：职前与职后教育在许多内容前后重复的同时，对教师职业素养的某些缺陷和空白点却视而不见。按照基础教育新课程对师资的新要求，教师职前教育机构和在职培训机构应合而为一，职前教育和职后教育都应该在教师专业生涯的所有阶段支持教师的专业发展。职前教师教育应能够使未来教师具备他们今后整个专业生涯中完成许多教学专业任务所必需的大多数或全部能力，能获得持久的专业学习和发展所必需的所有知识结构和态度。职后教师教育要着重于提高教师学历；着重于提高教育教学能力，增强职业适应性，培养骨干教师；着重于学习新理论、研究新问题，培养教育教学专家。对教师教育目前较为强调和追求职前职后的一体化，因而职后的教师教育就应符合一体化的要求。

3. 变革教师培训和培养模式

教师培训是推动课程改革的有力保证。新课程改革将出现多元化的课程体系，特别是主题性课程、综合性课程、研究型课程的出现等等，使得教师培训和培养模式的转变成为课程改革的必然要求。面对新课程改革的教师培养，必须打破传统的划一型、封闭型、理论型和终结性培养模式，开放培养体系，实现教师培养模式的多元化。把师范教育定向培育与非定向培育、院校培训、校本培训、远程网络培训及研训结合培训与"自修——反思"培训模式有机结合起来。"院校培训"是中小学教师继续教育的培训主体和培训业务管理主体;"校本培训"是最为有效的,其内容是各个学校根据各自情况,自主设计培训内容,自行开发符合本校实际的教材进行培训;"远程网络培训"是凭借信息技术特别是全球计算机网络和多媒体技术进行的培训;"研训结合"是把教育科研与培训一体化,以科研活动来促进教师素质提高的培训方式:"自修——反思"模式是教师自修教程,在专家及培训者的指导下,根据自己实际制定的目标,对自己已往的教育教学行为进行深刻反思,用教育科研的方式主动地获取知识、应用知识、解决实际问题,提高受训者的自我觉察水平,从而促进能力发展的一种培训模式。实践证明,扬长避短地把院校培训、校本培训、远程网络培训及研训结合培训与"自修——反思"培训等多种模式结合起来,是提高中小学教师素质的最佳途径。

4. 调整教师教育专业课程结构,提高教师的专业化水平

教师专业化是提高教师素质、改善教育质量的一条重要途径。课程设置是体现教师专业化的中心环节。体现教师教育专业特性的课程结构包括哪些内容呢?尽管不同学者对教师教育专业课程的基本构成有不同的见解,但在基本的方面是有共识的,即一个教师需要掌握普通科学文化知识、学科专业知识、教育学科的基本知识、教育教学的基本技能和技术。根据这种认识,教师教育课程的基本结构大致上是由普通文化课程、学科专业课程、教育学科课程、教育技能课程和教育实践课程构成的。普通文化课程和学科专业课程是教师教育的基础性必备课程,教育学科课程、教育技能课程和教育实践课程是教师教育专业的标志性必备课程。一个教师只有具备了这五个方面的知识,才能成为一个合格的教师。

所以,无论是采取封闭的或是开放的教师培养体制,这五个方面的课程都是必须开设的。那么,上述五个方面的课程各自在整个课程结构中的比重如何分配比较合理呢?从国际比较

的综合结果来看,学科专业课程约占33%、普通文化课程和教育学科课程各占25%、教育技能课程和教育实践课程占15%。在整个职前教育中,学科文化和普通文化课约占60%,教育学科类约占40%。参照这种结果,我国的教师教育专业课程结构的比重可作如下设计:普通文化课程20—25%、学科专业课程40%、教育学科课程15—20%、教育技能课程10%、教育实践课程10%。这样可以有效保证教师教育的专业性质。

第三章

现代教师的道德素养

第一节 教师职业道德概述

一、道德及职业道德

1. 道德的含义

道德是由一定社会经济关系决定的,依靠社会舆论、传统习惯和人们的内心信念来评价和维系的,用以调整人们相互之间以及个人与集体、社会之间利益关系的行为规范和品质的总和。

2. 教师职业道德的基本内涵

近些年来,随着教育改革的深入和教师培训工作的广泛开展,教师职业道德问题不断被提及。教师职业道德对广大教师来说早已不是一个陌生的概念。但如果真的问起什么是教师职业道德,很多人的回答往往很不全面。或曰教师职业道德是教师在教育工作中所必须遵守的行为规范;或曰教师职业道德是调节教师和他人、集体、教师、社会相互关系的行为准则。这种回答虽较为普遍,也不能说是错误的,但却是不完全的。因为它们没有完整地反映教师职业道德这一概念的内涵。

如果按上述对教师职业道德的解释，教师职业道德可能仅仅被当作是客观的、外在的规范和准则，而不能将其视为人主观上或人本身具有的。如果认同了这样的观点和思维定势，那么可能只是把教师职业道德当作规范或准则来遵守，而不大注意把它视为教师自身应有的内在意识和品质，从而忽视这些外在的规范准则的内化，忽视教师行为的自觉性表现。

二、教师职业道德的含义、特点

（一）教师职业道德的含义

所谓教师职业道德，指的是教师在其职业活动中，调节和处理各种关系所应遵循的基本的行为规范和行动准则，以及由此而形成的道德品质。

教师职业道德概念具有如下基本旨意：

一是揭示了教师职业道德的独特性，说明了它是教师这一职业所特有的，是与教师这一职业紧密联系的专门性道德，是教师在其职业生活中应遵守的。

二是揭示了教师职业道德的基本内涵，说明了教师职业道德不只是教师在职业生活中所应遵循的行为规范和行为准则，还包括教师从这些规范和准则中内化而成的观念、意识和行为品质。在这里，行为准则或行为规范具有客观性，是外在（社会、职业生活等）因素对人提出的要求。只要在教师职业范围内，无论什么时候，这种要求都是存在的。所以行为规范或行为准则是外在的因素对教师职业行为的约束，具有他律性。在此基础上表现出来的观念、意识和行为品质，是外在规范或准则在教师个体身上的内化，它所体现的是教师个体内在的自主性或自觉性，具有自律性。外在行为规范或准则具有共同性，它是对所有教师的共同要求，是所有教师都应遵守的。观念意识的行为品质虽然是外在行为规范或准则在个体身上的内化，但内化的程度和表现出来的水平在教师的个体之间是不尽相同的，具有差异性。我们平时说这个人或这个集体道德风气的优劣、道德水平的高低，就是由这种观念意识和行为品质上的差异所决定的。一般说来，外在道德行为规范和行为准则只是要求人们应该怎样；内在道德观念意识或行为品质则表明人的实际是怎样的。

（二）教师职业道德的特点

教师职业有许多特点，如高尚的道德、丰富的知识、为人师表的行为，等等。与其他行业的道德相比，教师职业道德的特殊之处，就是爱心、表率与自我发展。

1. 爱心

教师职业与其他针对的相比，突出的特点是针对的客体不同。生产加工业的客体是物；服务行业的客体是人，但基本是成年人；中小学教师职业的客体也是人，但却是未成年人。正因为如此，爱学生，用爱心引导学生健康成长，这是教师职业道德的基本要求。

教师职业之爱不是一般意义上的亲子之爱或男女情爱。教师之爱是教师为学生健康成长而营造的情感氛围。不会或者不善于为学生营造情感氛围的教师，就像母亲不会用襁褓、不会推童车一样，是不合格的。教师之爱是一种重要的教育资源，没有这一重要的教育资源，教育将成为不施肥的苗圃，不浇水的花畦。

教师之爱的基础是对学生人格的尊重。尊重学生人格是教师施爱的基本要求，也是获得学生的爱的基本途径。人格是一个人的尊严，是一个人对生存条件的心理反映。任何人，包括未成年人，对侵犯自己人格的行为都不可避免地会产生警惕、防御、抵触和反击的心理和行为。不尊重学生的人格，就等于丧失了教育的权力。既然教育是面向全体的，一个都不能少，那么师爱也是对所有学生的"爱你没商量"。尊重学生的人格就是让每个学生都有自信心，都在师爱的沐浴下健康成长。

要尊重学生的兴趣、爱好。古人说"己所不欲，勿施于人"，又说做事要"以己度人"、"将心比心"，可惜很少有人用到教育上。过去我们总以为，我们的出发点是好的，学生就应该服从，殊不知在教育的规律面前，我们常常是好心办坏事。其实，教育者所有的用心和努力如果不能得到学生的认同，那么一切心血都将白费。从另一个角度来看，教育者采取强制的办法，可以暂时地让学生认可和服从，可是只要环境一变，教育者全部努力得到的回报只会是更为强烈的反叛和报复。

要尊重学生的情绪和情感。青少年自控能力差，独立意识、反抗意识很强，稍有不顺心的事，往往会通过爆发的形式或者弥散的形式表现出来。教师对这种情绪如果不予重视，或者以硬对硬，便可能导致师生对立，造成彼此之间的伤害，甚至导致学生心理上难以弥补的挫伤。现实中这样的例子是屡见不鲜的。对学生的缺点和弱点，要及时提醒，实事求是，不宜过分夸大，尽量不要在其他学生面前批评某个学生，更不要在全体学生面前公开批评。

要尊重学生的选择和判断。一个人生活在社会中，每天都要对各种各样的人和事进行选择和判断。鼓励学生自己做出选择和判断，不仅是尊重人性、尊重人的权利和自由的表现，而且有助于发展他们的主动性、自主性和创造性。教育者的任务不应该是让学生"掌握"一套现成的价值判断标准，而应是鼓励学生自己对事物做出选择和判断，并把自己的判断和社会期望的判断作比较。所以，凡是有争议的问题，教师都应该暂缓发表意见，而让学生自己说话，让他们讨论。

教师之爱的真谛是让学生主动地进行学习。在课堂上让学生先说，可以让学生清晰、有条理地表达自己思考的过程，这个过程也是学生自己去发现问题、探索问题以及学生之间进行交流的过程。最重要的是让学生主动提问。学习就是一个从有疑到无疑的过程，让学生带着问号进课堂，培养学生的问题意识就是培养他们的主动探究意识。

教师之爱的最高境界就是把自己的心与学生的心融为一体。不管生活中有多大困难，见到学生就什么都忘了；不管心里有多少愁事，投身到学生中间就一下子云开雾散了；虽然自己已经是一大把年纪了，在孩子中间总觉得自己还年轻。可以说,这样的教师已经"修成正果"。

2. 为人表率

教育的根本任务是育人,在育人过程中,教师的表率作用非常突出。教师的言行举止、精神面貌、治学态度、道德情操及思想作风等对学生都具有示范性、渗透性和权威性,要起到言传身教、春风化雨、潜移默化的作用。可见,作为教师,比从事其他职业的人更须严格要求自己,要求学生做到的,自己要先做到;要求学生不做的,自己首先不去做,使自己时时处处成为学生的表率。正因为如此,许多学生都把学习阶段师从几位品德高尚、学识渊博、教育得法的好老师作为自己人生发展的关键因素。

教师道德的提高对学校整个教育工作的健康和稳步发展起着促进作用。教师的行为规范能有效地调节教师在职业活动中的行为,有助于妥善地处理学校教育过程中出现的师生之间、教师之间、教师与自己职业和社会之间等各方面的矛盾,从而为学校各项教育工作的健康和稳步发展创造最有利的条件。

教师道德能直接或间接地影响社会风气,推动物质文明和精神文明的进步,有利于国家和社会的稳定与发展。教师的世界观、人生观、价值观等思想情操和道德品质等都会对少年儿童产生影响,并通过他们对道德建设产生十分重要的作用。教师的言行,直接影响人们对是非、善恶、荣辱等观念的判断,从而对社会经济生活、政治生活以及婚姻、家庭、教育等方面,产生良好的影响,促进良好社会风气的形成。

3. 自我发展

教育永远是一个开创的事业,教师永远是一个前进的职业。随着教育事业和整个社会的发展,时代对教师提出了更高的要求。尤其是基础教育课程改革,使中小学教师群体遇到了前所未有的机遇和挑战。

党的十六大报告把"形成全民学习、终身学习的学习型社会,促进人的全面发展"作为全面建设小康社会的一个重要目标。在实现这一目标的过程中,教育者担负着重大的责任,教师担负着重大的责任。教师必须不断学习，不断发展自己，才能跟得上社会发展的步伐。

三、教师职业道德和社会公共道德的关系

教师职业道德和社会公共道德有着割不断的联系，它们之间有共性也有个性。

（一）教师职业道德和社会公共道德所共有的特征

1. 相对独立性

道德是随着社会的发展而发展，随着社会的变化而变化的。但是，道德在随着社会发展而发展的过程中，与社会发展并不总是同步的，而是具有相对的独立性。

在道德发展中，某些道德并不随社会变化而发生变化。道德发展与社会发展并不总是保持同步性。主要表现为：或滞后于社会发展，或超前于社会发展。

2. 阶级性

在阶级社会中，社会公共道德和教师职业道德总是反映和体现着阶级的意志，并按照阶级的意志来建筑自身的道德体系。

社会公共道德和教师职业道德的阶级性主要表现为：

（1）不同阶级都是从自己实际所处的经济地位出发形成本阶级特有的道德原则和规范的，并以此作为评价人们的行为善恶的标准。

（2）不同阶级的道德总是反映着本阶级的利益、愿望和要求。

（3）不同阶级都是以自己的道德作为工具来维护本阶级利益的。

3. 历史继承性

任何新道德都不是凭空产生的，而是在一定历史条件下，适应一定经济基础和社会关系的需要，适应一定阶级的需要，并对以往的道德规范、观点等进行加工改造，保留那些符合新的社会关系和利益的东西，抛弃那些不相符合的东西而逐渐形成的。

4. 道德现象的共含性

作为道德现象，社会公共道德和教师职业道德都包括以下三个方面：

（1）道德规范现象。它是指在一定社会条件下指导和衡量人们行为善恶的标准这，这是社会或行业团体对人提出的外在要求。

（2）道德意识现象。它是基于一定的社会条件，在道德活动中形成并影响道德活动的各种具有善恶价值的认识，以及在此基础上产生的思想观念、信念、信仰等。

（3）道德活动现象。它是指人或团体在社会生活中，在一定的善恶观念和行为规范的支配下所进行的各种道德实践活动，是主观见之于客观的东西。

（二）教师职业道德和社会公共道德的联系和区别

教师职业道德是道德的一个特殊领域。它与道德既有联系又有区别。

就两者的联系而言，教师职业道德是社会道德的重要组成部分，是道德在教师职业领域中的特殊表现。道德作为社会公共生活中最基本、最普遍的善恶标准和观念，是教师职业道德的主要价值来源。在教师职业道德的发展中，道德为各种师德规范的确立提供理性论证。教师职业道德价值思想根源于道德基础之中，总是与道德相一致。道德和教师职业道德是共性和个性的关系。

就两者的区别而言，道德是社会公共生活中最一般、最普遍的善恶标准和观念，而教师职业道德则是教师职业活动中特有的善恶标准和观念。二者产生的时间和发展有所不同，道德先于教师职业道德产生，是随着人类社会的产生而萌芽和产生的，而教师职业道德则是人类社会脑力劳动和体力劳动分工之后才开始萌芽和产生的。就它们的发展而言，道德随着社会整体的发展而发展，而教师职业道德，虽然也随着社会的发展而发展，但更重要、更具体的方面还是在教师职业领域中形成和发展的，是与教师职业密切联系在一起的。两者作用的范围有所不同，道德的作用范围比较广泛，对社会生产、社会生活各个方面都具有一般的指导价值和一般的善恶评价意义。而教师职业道德虽然也能对社会其他方面产生一定的影响，但其总体上是适应教师职业的需要而产生的。它在社会中存在，主要是对教师在教育活动中的行为进行调节，给予善恶的评价。

第二节 教师职业道德的基本原则

教师职业道德的基本原则简称师德原则，是一定阶级和社会对教师职业道德行为提出的根本要求，是教师在教育活动中处理各种利益关系、调节和评价一切道德行为的根本规则。

一、教书育人原则

教书育人就是指传授知识，培养人才。作为教师职业道德的一个基本原则，教书育人要求教师在其职业活动中，既要努力传授学生知识，又要培育学生成人成才，要把两者有机地结合在一起，更好地实现教育的目的。

教书育人反映了教师这一行业的本质特征，指出了教师这一行业与其他行业的根本不同之处。它昭告人们，教师这一行业是教书育人的行业。同时，教书育人也是对教师基本职责的概括，即教书育人是为师从教的基本职责和任务，教书育人是教师的天职。只要为师从教，就有这个职责，不履行或不认真履行这一职责，就不是一个称职的教师或根本就不配做一个教师。可见，教书育人作为教师职业道德的一个基本原则，是由教师职业的本质特征和职责所决定的。

要做到教书育人，应特别注意以下问题：

1. 正确认识和处理好教书与育人的关系。

教师虽为教书之人，但其最终目的不是教书，教师教书，意在培养人才。从这种分析中，我们可感悟到这样一个道理，教师虽被称为教书之人，但实质并不在于教书，而主要是以教书这一鲜明的职业工作形式达到为国家、民族、社会培养人才的目的。

2. 正确理解育人之含义，树立全面的育人意识。

既然教书是为了育人，育人是目的，那么所育的是怎样的人？这是为师从教应当明确的。对这一问题认识不同，所育之人也会有很大差别，这实质上是教育目的的价值取向问题。

应当引起注意的是，通常会有人以为：教书育人，是指"教师不仅要向学生传授知识，而且要培养学生良好的思想品德"。这种说法虽然不能说是错的（可能有一定的针对性），但它却是不完全的。因为在教书过程中培养学生良好的思想品德虽然重要，可这不是唯一的目的。教书这种活动所培养的人，是一个能在多方面适应社会、推动社会发展的完整的人，即在德、智、体、美、劳等方面和谐发展的人。培养一个人的良好品德固然很重要，但是在未来社会中，他不会认知，不会做事，不会交往，也不具备很好地生存和发展的能力。如果把教书育人仅仅理解为培养良好的思想品德，就会在实践上窄化教学的多方面功能，会导致教学功能的片面性。

3. 多方面努力，更好地实现教书育人。

比如，加强自身修养，提高自身素质；钻研教育规律，科学施教；精通业务，对教学内容和传授方式有着透彻的理解；灵活施教，善于引导；以身作则，为人师表，等等。

二、乐教勤业原则

乐教勤业原则是指教师要乐于从事教育事业，勤奋地进行工作。这是对教师在对待自己职业方面所提出的基本道德要求。

教师乐教勤业，是教育实现自身效益和社会价值的内在需要。乐教勤业，也是教师承担和做好教育工作的首要条件。人的多样性和复杂性也决定了教师要有乐教勤业精神。乐教勤业原则要求教师要做到以下几点：

1. 热爱教育，乐于从事教育事业。

一是要不断深化对教育价值的多方面认识，增强自身的教育责任感。有了强烈的责任感，就能够乐于从事教育事业。二是要不断深化对教师社会作用的认识，从社会历史、现实和未来的发展中，领会自己承前启后继往开来的崇高使命，增强教师工作的荣誉感。三是要善于从复杂的育人工作中，去体验劳动的欢乐，强化乐于从教的情感体验。四是要不断增强社会责任感，认识到学生是祖国的未来，祖国的明天全在于他们。这种责任感也会促使教师乐于从事教育事业。

2. 勤于功业，勤奋工作。

勤业体现着好学上进、主动进取、精益求精的精神。何以能够勤业？乐教是根本，精业进取是动力。勤业：一是要勤于学习，不断丰富自己，开阔知识视野。二是要勤于钻研，掌握从教规律。要注意发现问题的价值；要抓住关键性问题；要有锲而不舍的精神；要勇于创新。三是要勤于岗位，精于业务，用心做事，忠于职守，不敷衍塞责，认真对待日常工作。

三、人格示范原则

所谓人格示范，是指教师通过自身高尚的人格力量给学生以良好的示范。它是教师职业道德的主要特征，是教师应当遵守的基本的教师职业道德原则。

人格示范是一种重要的教育力量。教师良好的人格是一种对学生有着直接影响的教育因素。

人格示范原则要求教师做到：教育者先受教育；在实践中努力锻炼和形成良好的道德人格。

第三节 教师职业道德的基本规范

一、依法执教

（一）依法执教的含义

依法执教是调整教师劳动与法律制度之间关系的教师职业道德规范。依法执教的基本含义是：学习和宣传马列主义、毛泽东思想和邓小平建设有中国特色社会主义理论，拥护党的基本路线，全面贯彻国家教育方针，自觉遵守教师法等法律法规，在教育教学中同党和国家的方针政策保持一致，不得有违背党和国家方针、政策的言行。

"依法执教"的含义有二：第一层含义是教师的教育教学行为，不能与法律法规相悖，要在法律法规所允许的范围内施行。

1. 师生是平等的法律主体。教师不能总是"常有理"，教师并不"总是对的"，教师更不能把"好心"当成"办错事"的借口。教师的教育教学行为违反法律法规，同样也是要受到惩罚的。没有任何一条法律法规赋予教师凌驾于学生之上的权力。新的教育理念强调的是师生间的互尊互爱，强调的是师生人格上的平等，尤其强调教师要把对学生的爱当成施教的前提。学生是鲜活的生命体，学生的人格必须得到尊重。

2. 教学是师生间的互动。新的教育理念强调："教师是学生学习的合作者、引导者和参与者，教学过程是师生交往、共同发展的互动过程。交往意味着人人参与，意味着平等对话，教师将由居高临下的权威转向'平等中的首席'；传统意义上的教师教和学生学，将不断让位于师生互教互学，彼此形成一个真正的'学习共同体'。"

3. 中国加入 WTO 以后，师生关系也发生了微妙的变化。国家教育部一位官员的讲话颇具远见卓识："当我们正式加入 WTO 以后，教育方面的开放有三个关键词：第一，教育服务，教育被纳入到服务贸易这样一个范畴；第二，市场准入，我们将开放我们的教育市场；第三，承认这种服务是一种存在。"把教育看作一种"服务"，学生则是理所当然的最主要的"服务对象"。学校与学生由原来单纯的"教育与被教育"的关系，转化为占首要地位的"服务与被服务"的关系——这是教育观念的一个根本性的转变。学校的各项工作都要围绕着学生这个"服务对象"展开，构成一个完整、高效的"服务系统"，并最终通过教师的工作将"优质教育服务"提供给"服务对象"——学生。

"依法执教"的第二层含义是,教师要善于运用法律手段来维护自身的合法权益。教师除了享有《宪法》所赋予的公民权利以外,《教育法》、《义务教育法》和《教师法》等法律明文规定了教师应该享有的权利和受国家保护的合法权益。但由于受"师道尊严"传统观念的束缚,碍于情面,教师很少能够鼓足勇气主动拿起法律武器来维护自身的合法权益;动辄得咎,身心受辱却忍气吞声。当今的社会是法制社会,人们的法制观念普遍增强,在法律面前人人平等,法律与每个人都息息相关。善于运用法律武器来维权,这既是时代发展的客观要求,也是新时期转变观念的一项实实在在的内容。

(二)依法执教的一般要求

1. 正确认识和理解教育法律法规与教育规律

依法执教与依教育规律执教并不矛盾,而是相互联系的。从这种意义上讲,依法执教将促使教育工作者更好地重视教育规律,更好地研究教育规律,更好地按照教育规律办教育,为教育规律提供法律上的支持和保护。

我们也应该认识到:教育法律法规与教育规律也有着明显的不同。教育法律法规并不是教育规律的全部体现,它对教育规律的体现是有限的。

2. 树立依法执教的自觉意识

教育法律法规是规范教育活动、保护教育发展的根本机制,对于教育者树立依法执教的自觉意识是非常必要的。因为:一方面,中国在历史上是一个比较忽视法制的国家,当代中国虽然在改革开放以来,十分重视依法治国,加强法制建设,并取得了令世人瞩目的成就,但由于受中国传统文化观念的影响,人们依法执教的自觉意识还没有树立起来,以至于在当今现实生活中不知法不守法的现象屡见不鲜。有些人在自身的合法权益遭到损害的时候,想不到用法律来保护自己。另一方面,中国教育在适应改革开放,适应 21 世纪的现代化建设中，已经离不开教育法律法规的保驾护航。

3. 在实践中自觉坚持和维护教育法律法规

作为教师，应该自觉地学习和遵守教育法律法规，在实践中自觉坚持和维护教育法律法规。为此要做到：

（1）要认真学习和领会我国当代有关教育改革和发展的法律法规，明确作为一名教师应当依法承担的权利和义务，增强依法执教的责任意识，知道教师如不履行或违背教育法律法规，则应承担什么责任。

（2）要从法律角度来认识和理解党和国家的教育方针政策，把全面贯彻党和国家的各项方针政策提到法律的高度来认识。

（3）要把坚持正确的职业行为与依法执教结合起来，在教育教学中自觉同党和国家的方针政策保持一致。

（4）依法执教还应体现为依据教育法律法规来维护教育对象的合法权益。

（三）依法执教的标准

衡量教师依法执教的标准，应该包括：

1. 教师的主体资格合法

现代教育是一种专业化活动，要求教育者必须具备一定的条件才能从事教育工作。我国1995年颁布的《教师资格条例》第二条规定："中国公民在各级各类学校和其他教育机构中专门从事教育教学工作，应当依法取得教师资格。"因此，教师主体资格的合法性，是衡量教师是否依法执教的首要标准。

2. 教师的教育教学活动符合法定的培养目标

教育是一种有目的的活动。现代社会，多数国家对教育的法律控制首先表现为，对教育要培养的人才目标进行不同层次的立法规定。一般包括：国家总的教育目标，依据不同的学生类型而制定教育目标，课程的教育目标，课时的教学目标。这些不同层次的法定教育目标，是教师教育教学行为必须遵循的法律准则。

3. 教师教育教学活动的内容符合法定的要求

教育是富有创造性的劳动，为了实现法律所规定的教育目标，各国的教育法律往往允许教师在开展具体的教育教学活动时可以比较自由地选择教育教学内容。但由于教育内容与教育目标之间有着紧密的联系，所以，国家也往往对教育教学内容作出某些法律的界定，如我国教育部1998年颁发的《中小学德育工作规程》第十八条规定："思想品德课、思想政治课是小学生和中学生的必修课程。"该规程还对中小学思想品德课和思想政治课的课程计划和课程标准作出了法律界定。教师对教育教学内容的选择必须在法律许可的范围内进行。

4. 教育教学的形式符合法律要求

虽说是教无定法，但许多国家一般也对教育教学的形式作出了一些法律上的规定，如规定班级的规模，每周或每天的教学课时，每节课的时间等。所以，无论教师采取什么样的形式施教，上述这些法律规定都不得违反。

5. 依法行使教育教学改革权、对学生学业成绩的评定权等

教育必须随着社会的发展变化而不断创新。教师要确保教育教学活动的效果，就要进行教育教学改革。我国《教师法》规定教师有评定学生学业成绩的权利，这是教师开展正常教育教学活动所必需的，但教师在行使此项权利时必须符合公正原则，并受必要的监督和约束。

6. 维护教育教学秩序

教师的教育教学活动要达到良好的效果，必须在一定的秩序中进行。当出现扰乱教育教学正常秩序的行为时，教师应当采取必要的措施予以制止，以使教育教学得以正常进行。

7. 确保未成年学生的安全

在法律上，未成年人一般被认为是没有足够自我保护能力的人。因此，法律通常设置一些制度使未成年人处于成年人的保护之下。我国《民法通则》规定：未成年人的父母或其他监护人对未成年人有监护职责。

在日常生活中，确保未成年人安全的责任主要落实在父母或其他监护人身上。但当该未成年人进入学校接受教育时，学校就负有确保其安全的责任。因此对于教师来说，要做到依法

执教，除了教好书育好人以外，还应当确保未成年学生的安全。

不管是在上课时间还是在课间，只要是在学校的教育教学时间内，教师就负有确保未成年学生安全的责任。

8. 教育教学行为应尊重学生权利，不得侵犯学生的人身权、财产权及其他合法权益

学生作为受教育者，在人身和财产上要履行一定的义务，如遵守教育教学秩序，交纳规定的费用等。但是他们作为受教育者，依照教育法还享有自己的权利，如我国《教育法》第四十二条规定，受教育者有参加教育教学计划安排的活动，以及使用教育教学设施、设备、图书资料等项权利。同时，学生作为公民还享有宪法和法律所规定的一个公民应享有的权利，如财产权（包括物权、像权、知识产权），人身权（包括生命权、健康权、名誉权）及其他合法权益。学生的这些权利是受法律保障的，非以法定理由和依照法律程序不得限制和剥夺。因此，教师在管理活动中应当注意尊重学生的这些权利，不得漠视这些权利，更不得侵犯这些权利。

（四）提高教师法治素质，切实做到依法执教

教师做到依法执教，必须具备一定的客观条件和主观条件。客观外在的条件，首先是较为完备的教育法律制度。其次是健全的教育行政执法，教育行政机关在管理教育的过程中要做到严格执法，依法行使教育行政管理权，不越权，不滥用权力，不失职。只有合理地进行教育行政执法，依法管理教育，依法管理教师，教师才能真正把法律作为自己教育教学行为的最高准则，做到依法执教。再次是学校内部的法治化管理。现代社会，教师通常是作为学校的一个职员进行工作的。学校的法治化管理是教师依法执教的重要基础。

教师依法执教所需要的上述种种客观条件，只是意味着这些条件若不具备会直接影响依法执教的实现程度。但并不是说只有等到这些条件都具备以后，教师才能够去做一些依法执教的事情。教育是面向未来、孕育未来的事业。作为一个正在致

力于实现依法治国宏伟目标的国家的教师,应该积极主动地克服现实生活中的种种困难,努力在自己力所能及的范围内切实做到依法执教。因此,教师的法治素质作为教师依法执教的主观条件,就成为非常关键的因素了。

所谓教师的法治素质,是指已经内存于教师身上,能够比较稳定地影响教师行为、符合法制社会要求的知识观念、情感意志、心理习惯等文化和精神的因素。一个教师并不是心里想到依法执教就马上能够做到的。只有当这个教师从思想观念到心理习惯再到行为技能都达到与法治要求相一致的程度时,才有可能做到依法执教。中国是一个缺乏法治传统的国家,人们很难自然地从历史的积淀中获取现代社会需要的法治素养,教师和其他人一样,要学会依法办事,就需要有一个从知识观念到行为技能转化的复杂过程,主要应做到:

1. 掌握必要的法律知识,明确职业行为中法定的权利义务关系

依法执教涉及到的法律法规除了作为国家根本大法的《中华人民共和国宪法》和作为教育基本法的《中华人民共和国教育法》之外,与教师职业行为密切相关的还有:《中华人民共和国教师法》、《中华人民共和国义务教育法》、《中华人民共和国职业技术教育法》、《中华人民共和国高等教育法》、《中华人民共和国未成年人保护法》、《教师资格条例》及《教师职务试行条例》等。这些法律法规明确了教师和学生各自的权利、义务及其相互关系,教师应该认真学习,牢记心中,自觉遵守。

2. 树立依法执教的自觉意识

因为中国的教育现代化是在经济、文化比较落后的条件下进行的。且不说我们教育现代化所需要的物质条件存在严重的不足,就是所需要的精神文化条件也比较落后,一些陈旧的教育观念和思想意识还在束缚着教育改革的深入发展。教师是实现教育法治化的主体力量,没有依法执教的自觉意识,既难以实现教育的法治化,也不能做好教育工作。

依法执教的自觉意识,来源于对教育法律法规意义的深刻

认识,以及在其基础上形成的法律信仰和法律责任感。从教育法律法规的意义来说,它能使人们认识到它的重要性和必要性,认识到教育要走向现代化,要消除各种不良因素对教育的束缚、干扰,没有法律的支持和保护不行。从法律信仰来说,它能使人坚信依法治教是现代教育发展的必由之路,是中国教育走向现代化的根本保证,否则,就不能使已经确立的教育改革的方针政策得到彻底的贯彻和实施,就不能使困扰我国教育发展的许多重大问题得到彻底解决。从法律责任来说,它能赋予教师遵守教育法律法规、依法执教的义务感,在实践中承担起依法执教的历史使命,把它当作自己工作中应尽的职责。没有对教育法律法规的认识,没有形成相应的法律信仰和法律责任感,就不会有依法执教的自觉意识。因此,要树立依法执教意识,不仅要增强对教育法律法规意义的认识,还要注意在学习和实践中形成相应的法律信仰和法律责任感。

可以说,任何一位教师如果想要在21世纪中国的教育舞台上施展才华,成为一名合格的教师,那么,紧跟新世纪新形势的发展要求,形成法律信仰和责任感都是一种必然的选择。

二、爱岗敬业

爱岗敬业是教师职业精神的重要内容,它既是教师坚持为人民服务的宗旨、具有高度的政治责任感和职业责任感的具体体现,也是教师实现自身价值,追求人生幸福的最现实可靠的途径。教师只有具备了爱岗敬业精神,才能热爱学生,言传身教,无私奉献,为祖国培养合格的人才。

(一)爱岗敬业的内涵、意义

爱岗敬业,反映的是教师个体与教师职业的道德关系,它既是教师个体与自我关系的投射,又是教师个体与学生关系的投射,还是教师个体与民族、国家、社会关系的间接反映。

1. 爱岗敬业的内涵

爱岗,是指热爱自己的工作岗位;敬业,即用一种恭敬严肃的态度对待自己的工作,认真负责,任劳任怨,精益求精。

敬业总是和爱岗联系在一起的。爱岗是敬业的前提，敬业是爱岗情感的进一步升华，是对职业责任、职业荣誉的深刻理解和认识。

作为教师职业道德规范，爱岗敬业的内涵和外延十分丰富，它凝聚着教师的多种精神。爱岗，就要有务实精神，敬业，就要有奉献精神。作为教师，要树立忠于党的教育事业、用血汗浇灌桃李的爱岗敬业精神，就必须知责任，明责任，负责任，集中精力，专心致志地做好教育工作，要对学生倾注全部心血，甚至不惜牺牲个人利益，用自己的先进思想和高度的责任感，教育、影响和感染学生，既要做到学而不厌，诲人不倦，又要做到教书育人，言传身教。

但是，要真正做到爱岗敬业，却不是一件容易的事。一般说来，条件好、工作轻松、收入高的教师，做到爱岗敬业容易。相反，条件较差、工作艰苦、收入不高的教师，做到爱岗敬业就不易。另外，有些人特别是个别青年教师心情比较浮躁，对自我缺乏正确的评价，"这山望着那山高"，随时想"跳槽"，连爱岗都谈不上，何谈敬业！在这种情况下，对教师更要加强爱岗敬业的教育。

2. 爱岗敬业的意义

教师的爱岗敬业精神对教育事业的发展及教育工作的顺利进行具有重要的意义：

（1）爱岗敬业是保持教师队伍稳定的基础

教育事业是一项伟大而又崇高的事业，教师担负着培养社会主义建设者和接班人的重任，从一定意义上说，教师工作决定着社会主义建设事业的兴衰，决定着祖国的未来。教师对于党和国家的教育工作要忠心耿耿，尽心尽力，志存高远，献身教育，教书育人。因此，爱岗敬业是教师应遵循的最基本的道德要求，也是教师职业道德的灵魂。

21世纪的国际竞争实际上是人才的竞争、教育的竞争。经济要发展，国家要强盛，更需要一支高素质的教师队伍。这就要求教师不仅要以自己的职业为荣，还要准备为教育事业献身。由于教师工作不能给教师带来显赫一时的声名和财富,更不能给他们悠闲自在的生活,更多的是辛苦、操劳和责任;又由于教师劳动的特点决定了教师工作没有严格的时空界限,难以准确量化工作时间和质量,更难以对之进行时时刻刻的监督。因此,教师更要凭着自己的职业操守、自觉性、责任感、荣誉感和上进心来激励和约束自己。

随着改革日益深化和人才流动逐步市场化,不少教师弃教"下海"经商,不少农村中小学骨干教师涌向城市中小学,经济欠发达地区中小学骨干教师涌向经济发达地区的中小学,出现了"孔雀东南飞"、"一江春水向东流"的现象。这些情况已对部分农村及经济欠发达地区中小学教育教学质量产生了严重影响。因此,保持高素质教师队伍的稳定是当务之急。

(2) 爱岗敬业是乐教勤业的动力来源

有了爱岗敬业精神,教师就能把平凡而且艰苦的劳动当成光荣而充满趣味的工作来对待。根据职业认识、职业态度、职业价值观的不同,教师对自己的职业认同有四个不同层次,即畏业、爱业、乐业、创业。畏业是指教师敬畏自己的职业,把自己的职业仅仅当做一种"干活挣钱的行业",而又很怕失去它。畏业者对职业能尽职尽责,爱业者能自立自强,乐业者能无怨无悔,而创业者则表现出一心一意。这四种不同的职业感,虽然层次不同,但都是教师敬业的内在动力。显然,并不是每个教师都会经历到这样四个层次的职业感。比如,有许多教师从参加教育工作起,甚至在参加工作前,就热爱教师职业,因而没有畏业感。同样有的教师一辈子都仅仅把教师工作当做一门职业,而没有把它当做一门事业,那么他虽然也可以达到爱业的层次,但不会有真正的乐业感,更达不到创业的境界。我们认为,从爱业到乐业,是一个教师将自己的工作从视为职业到视为事业的飞跃,实现了从必然王国向自由王国的升华。由此可知,敬业是一个人民教师从事教育教学、履行教书育人工作的原动力。

教师的工作责任重大而又极其艰辛。之所以说责任重大,是由于教师肩负着培育下一代的责任，可以说社会的未来就掌握在教师的手中；之所以说艰辛，是由于教师工作条件艰苦，特别是在市场经济条件下，教师的社会地位、物质待遇较低，甚至处于相对清贫的地位。在此情况下，教师应当以社会责任为己任，无私奉献，做到"衣带渐宽终不悔，为伊消得人憔悴"，如果以待遇的高低为条件来对待工作，就难以承担社会重任。

可见，有了爱岗敬业精神，教师就会把教育事业当做自己的精神寄托，而不是无关乎己的身外之事，使教师把教育与自己的生命意义和人生价值的实现紧密联系在一起，全身心地投入到教育工作中；有了爱岗敬业精神，教师就不会把教育活动视为一桩苦差，就会在工作中保持良好的工作态度，就会不畏困难和复杂的工作，勇于进取，勤于探索；有了爱岗敬业精神，教师就会认真对待教育、教学过程的每一个环节、每一件小事，在细微处见精神，在小事上下工夫，最终有所作为，有所贡献。

（3）只有爱岗敬业，才能在工作岗位上有所作为

教师在工作岗位上能否完成教育任务，能否取得工作成就，以及取得成就的大小，决定于许多因素，其中教师能否爱岗敬业是关键。只有爱岗敬业的教师才能够在工作岗位上有所作为。

首先，只有爱岗敬业，教师才能积极面对自身的社会责任和社会义务。爱岗敬业是教师对各种规范、要求的自觉认同和内化，是他们自觉履行社会责任和社会义务的表现。所以，爱岗敬业是教师有所作为的根本保证。

其次，只有爱岗敬业，教师才能促进自我的不断完善。教育是一种专业性很强的活动，对教师的素质有很高、很严格的要求。教师应该有丰富的学识、合理的知识结构和能力结构、高尚的道德情操、良好的心理素养等。这些素质要求主要是依靠教师的自我教育、自我修养、自我完善来达到。那么，教师自我教育、自我完善、自我发展的动力来自何方？正是来自教

师对教育工作的热爱，来自教师对自身工作的不懈追求，来自深层次的爱岗敬业精神。有了爱岗敬业精神，教师就能对自身素质水平有一个理性认识，并不断完善自己，更好地完成教育教学的任务。

最后，爱岗敬业能帮助教师正确处理各种社会关系，化解各种矛盾，提高工作效率。教育是一种复杂的社会劳动，教师要面对复杂的社会关系，处理千差万别的矛盾冲突。教师要想取得工作成就，必须有社会的理解、同事的支持、家长的配合和学生的自觉努力，而教师爱岗敬业的精神可以感染同事，使他们与自己齐心协力完成教育大业；可以感染家长，在家长心目中树立威信，使家长和自己的沟通更加畅通无阻；可以感染学生，在学生心目中树立进取向上、勤奋努力的榜样，让学生主动、自觉地按照教师引导的方向成长；也可以赢得社会各个方面的敬重和支持，为教师创造更好的工作条件、工作环境，使他们更加理解、支持、配合教师的工作……这一切，无疑将有助于教师提高工作效率，巩固并不断发展教育成果。

概括起来说，教师只有爱岗敬业，才能在教育活动中有所收获；反之，敷衍、马虎，对工作缺乏热情和积极的追求的教师，只能是一事无成空磋叹。

教育是事业，事业的意义在于献身；教育是科学，科学的价值在于求真；教育是艺术，艺术的生命在于创新。作为一位教师，要努力按照志存高远、爱国敬业，为人师表、教书育人，严谨笃学、与时俱进的要求，以学生的发展为本，以促进我国教育事业的发展为本，在全社会树立起当代人民教师的崇高形象。

(二) 爱岗敬业的要求

虽然爱岗敬业是所有职业道德的共同特点，但它对于不同职业有不同的道德要求。作为教师职业道德规范，爱岗敬业主要要求教师在教育教学活动中体现以下几方面的道德精神。

1. 教书育人，尽职尽责

教师要做到爱岗敬业，必然要热爱教育、热爱学校、热爱学生，树立坚定的事业心。教师的劳动是平凡的，但其中却孕育着伟大。安心从教，不尚浮华，换来的是精神世界的富有；不为名利，甘为人梯，迎来的是学生和社会的认可。时时处处以大局为重，热爱教育事业，关心学校，关注教育事业的发展，这是每个教师都应具备的职业责任感。在实际工作中，要珍视为人师表这份荣耀，时时刻刻严格要求自己，才能赢得学生的爱戴、家长的信赖和领导的认可。

2. 学而不厌，诲人不倦

陶行知先生说："要想学生好学，必须先生好学，唯有学而不厌的先生才能教出学而不厌的学生。""为学而学，不如为教而学之亲切，为教而学必须设身处地，努力使人明白。既要努力使人明白，自己便自然而然地格外明白了。"说明教师本应当以严谨笃学、学而不厌的进取精神，不断提高自身素质，努力做好本职工作。现实中少数青年教师入职时的动机不明确，工作中不注重刻苦学习、钻研业务；一些老教师一味凭借自己的经验教学，有时也注重书本知识的更新，但却忽视对新的教学理念和终身学习思想的接纳；有的教师甚至抱着"做一天和尚撞一天钟"的心态，工作起来缺乏干劲和积极性，如此等等，都是教师不应有的态度和行为。因此，为师者，一定要培养敬业精神，树一代师表。

可见，"学而不厌，诲人不倦"作为教师的一项基本素质，一方面要求教师严格要求自己，努力培养教书育人的责任感；另一方面要求教师执著追求教育目的的全面实现，以高度的奉献精神对待自己的利益得失和工作中的辛劳，以不知疲倦、勤奋好学的精神状态直面繁重的教育任务。同时"诲人不倦"还要求教师正确理解和对待学生在发展过程中的错误、缺点，在培养和教育学生时表现出充分的耐心和坚强的毅力。

3. 认真工作，不敷衍塞责

培养和造就人不像制造一种物质产品那样，有严格的"工序"规定，教育是一种教师以人格影响人的活动。因而，教师职业没有也不可能有非常严格清晰的职责划分。每一个教育者都要为学生的健康成长负责,为民族和国家的未来负责。因此,每一个教育者都应当认真对待学校的全部工作,认真对待每一个学生,认真对待每一项哪怕是"细枝末节"的教育教学活动,不敷衍塞责、马虎了事。具体要做到以下几点。

(1) 理性地认识职业道德

江泽民在第三次全国教育工作会议上指出:"教师必须具有高尚的道德品质和崇高的精神境界。"在我们的学校里,优秀教师的一个共同特点就是有过硬的思想政治和道德素质,有良好的教师职业道德修养。教师的职业道德实际上是对事业、对学生的一种道德责任感。这种道德责任感越强,越能体现教师崇高的精神境界。

(2) 身教重于言教

作为教师,应当真正做到"以身立教",正直、诚实、守信,决不能做言语的巨人,行动的矮子,口是心非,阳奉阴违。如果教师不能严格要求自己,言行脱节,心口不一,就会对学生产生不良的影响,最终误人子弟,愧对国家和人民。

(3) 术业有专攻

教师的主要职责是教学,要真正搞好教学工作,教师平时必须勤奋学习,不断进取,熟悉、精通自己所从事的本职业务。

4. 公正施教,科学施教

爱岗敬业精神的一个主要表现是教师公正施教、科学施教。一个爱岗敬业的教师,不会仅仅满足于依靠经验育人,他会着力总结教育规律,发现真理,并按照教育规律的要求科学施教,坚持以正确的教育思想教书育人。

(1) 面向全体学生

面向全体学生就是要求教师给全体学生同样的关心和指导,同样的鼓舞和期望,公正、公平地对待每一个学生,满足他们求发展、求进步的需要,使学生从教师的行为中看到希望,受到鼓励。任何一位学生都有他的闪光点,在我们的实际工作中,要一分为二地看待每一位学生,帮助他们寻找到适合各自特点的发展方向,使每一个学生都能有所收获,找到自己的发展之路。

(2) 促进学生全面发展

激烈的国际竞争和社会主义现代化建设，需要的人才规格越来越高，不仅要有扎实的科学文化知识、较高的思想品德、文明的行为习惯和良好的心理品质，还应具有一定的创新精神和实践能力。在教育教学实践中，教师要使学生将学会做人、学会求知、学会审美、学会健体、学会劳动等方面有机地统一起来，把理论和实际、动脑与动手结合起来，把课内外、校内外教育协调起来，使学生的知、情、意、行和谐并进，促进学生全面发展。

(3) 注意培养学生的自我发展能力

教师应该清楚，学生的成长和发展主要是他们自身内部矛盾运动的结果。教师的责任是通过诉诸理智和情感的多种方法激活学生的内驱力，培养学生自身的能力，帮助每个学生把愿望化为实际的行为，并且使每个学生从实际出发实现个人不同层次的目标。在教育教学活动中，我们应启发和鼓励学生主动参与，引导他们思考，勤于动手，使他们拥有成功的体验。有了创造成功的体验和感受，学生才会产生更加强烈的创造要求，才能提高创造能力。

5. 淡泊名利，育人为乐

应当指出，爱岗敬业的教师职业道德规范不是要求为人师者"净尽人欲"，不是否定教师可以通过辛勤的教育劳动取得正当利益。但由于成功教育工作的特殊性，对公私义利关系的处理水平最能检验和体现教师的敬业精神。毫无疑问，那些不求闻达、不慕名利、不谋富贵、甘为人梯、乐教勤业的教师具有崇高而伟大的敬业精神；相反，那些一事当前，"私"字当头，斤斤计较，只关心个人名利得失，不肯奉献只知索取的教师，是没有资格谈论什么"敬业"精神的。所以，爱岗敬业要求教师淡泊名利，以育人为乐。在教育实践中，我们应把"乐教"当做一种向往和追求。我们在教学实践中时常感受到：一见到学生，一到课堂上，就来精神；一想到学校，一想到学生,就有依依不舍之情。这正是崇高的敬业情感。教师一旦进入这样的情境,教师职业道德原则和规范对教师就不是一种压力和约束。相反,教师的行为已成了教师职业道德原则和规范的最好诠释。

(三)爱岗敬业精神的强化

爱岗敬业精神作为教师职业道德的核心内容,在任何社会都不能不受到特别的关注和重视。影响教师爱岗敬业精神的形成和强化的因素是多方面的,单从教师个人修养的角度而言,应注意:

1. 理解教师职业的社会意义。不应该把教师职业单单看成是一条谋生之道,而要全面透视它对学生的幸福、对民族的命运、对国家的兴旺发达所具有的巨大价值,这样,我们就会对"教师育人"心怀敬重,就会体会到这一平凡工作的崇高和伟大,就会为教师这一职业而感到光荣和自豪,进而会以实际行动表达这一思想。

2. 全面理解和认识"爱岗敬业"的教育价值。这是教师培养和强化敬业精神的基本手段和基本要求。

3. 注意实践体验。爱岗敬业精神的养成必须加强实践体验,认真做好哪怕是微小的教育工作,都会为敬业精神的培养提供出良好的土壤。

三、热爱学生

热爱学生是调整师生关系的道德规范。热爱学生的基本含义是:关心爱护全体学生,尊重学生的人格,平等、公正地对待学生。对学生严格要求,耐心教导,不讽刺、挖苦、歧视学生,不体罚或变相体罚学生,保护学生的合法权益,促进学生全面、生动、健康的发展。

(一)热爱学生的意义

没有爱,就没有教育。爱学生是教师的天职。教师只有爱学生,才会爱岗敬业、忠于职守,才会了解学生、接近学生,才会赢得学生的尊敬、信任和爱戴,才会走进学生的心灵,才会有教书育人的源泉和动力。

1. 热爱学生是做好教育教学工作的重要条件

教育活动是师生的双边活动，如果教师缺乏对学生的尊重、信任、理解、关心和爱护，教师对学生提出的要求，学生就会很难接受。热爱学生是做好教育教学工作的重要条件。

（1）热爱学生是开启学生心灵的钥匙

教师只有尊重信任学生，关心爱护学生，使学生感受到教师对自己的关心、爱护，才能自然而然地生发出对教师的爱，反馈给教师，形成爱的双向交流。实践证明，教师热爱学生会带来师生关系的和谐，会开启学生心灵的大门，使师生心灵相通，情感相融，在这样的氛围中，各种教育教学活动才会如涓涓细流滋润学生的心田，才能达到"亲其师、信其道"的教育效果。这是对学生进行教育的奥妙所在。

（2）热爱学生是促进学生进步的动力

在教育教学活动中，学生主体作用发挥得如何，关键是要看学生的学习动力被激发到何种程度。没有动力，学生的主体作用就不可能充分发挥。学生的学习兴趣、爱好、动机、需要等应得到教师的充分重视，教师的表扬、鼓励、热情期待等是学生努力学习的动力来源，它能有效地推动学生的发展，促进学生的进步。教师对学生的赞扬与期待，将对学生的学习、行为乃至成长产生巨大的作用。其实每个人的内心世界都一样，没有一个学生不想得到老师的赞美和期待。

在教育教学中，教师对学生倾注爱心和热情，寄予热切的希望，提出合理的学习目标和要求，肯定多于否定，等等，都会使学生体验到教师对他们的真情的关切。这种关切犹如春雨，不论滋润的是什么性格学生的心田，都会产生巨大的效应——使学生看到自身的价值，产生向上的力量，进而自励进取。

（3）热爱学生是影响学生情感和个性发展的重要因素

教师对学生的爱可以启动学生的心灵，消除师生间的隔阂和误会，影响学生的情感和个性发展。

实践证明，教师对学生身心发展的巨大感染力，常常直接来源于对学生的热爱,这种爱是一种带有强烈社会责任感和使命感的更为全面的爱,是发展学生高尚社会情感的重要基础。这是因为:学生从教师那里得到的爱不同于从父母那里得到的爱。学生从父母那里得到的是一种骨肉亲情的爱,而从教师那里感受到的是一种社会性的爱。学生从教师那里感受到爱之后,更容易激发出他们报答社会的愿望。更为重要的是,通过这种爱能使学生感受到的,不仅仅是爱的温暖,而且还有人格的真善美。使他们从教师那里体验到如何待人,如何为人,如何尊重人,如何理解人,使他们感受到人间生活的美好,从而形成乐观的生活态度和真诚助人的品格。正是在这个意义上,许多教育家都强调,教师只有尊重、信任、关心学生,才能培养起学生良好的情感和品德。

2. 热爱学生是建立新型师生关系的基础

师生关系是教师在工作中所面临的主要的人际关系。作为教育活动的直接参与者,师生之间能否形成协调的关系,直接关系到教育的目的和效果。托尔斯泰认为,如果一个教师仅仅热爱教育,那么他只能是一个好教师;如果一个教师把热爱事业和热爱学生相结合,他就是一个完善的教师。

民主、平等、和谐的新型师生关系作为一种现代的教育理念,是师生密切合作的保证,是一切教育的基础。这种师生关系要求师生之间应该是互尊互爱的平等关系,教学相长的互学关系。师生之间虽然角色不同,但人格、地位是平等的,教师要改变师道尊严的传统观念,自觉地将过去以"教师为中心"转变到以"学生为中心"上来,将"热爱学生、尊重学生"作为新型师生关系的基础。

在教育教学过程中,教师对学生的热爱、关心、尊重、理解和信任,有利于建立民主、平等、和谐的师生关系。虽然说师生双方对建立这种关系都有责任,但教师是主要的方面。在教育教学过程中,师生之间要进行多方面的互动活动,也经常会产生各种矛盾,如果教师没有热爱学生的情感和行为,就很难真正化解师生间的误解或矛盾。因此,热爱学生是建立民主、平等、和谐的师生关系的基础。

（二）热爱学生的基本要求

热爱学生，教师应该做到以下几个方面。

1. 关心、了解学生

全面了解学生是教育学生的起点和关键。俗话说"知之深，爱之切"。热爱学生就要关心、了解学生，全面正确地认识学生。只有从生活、学习、身心、情感等各个方面时刻想着学生，同情他们的痛苦或不幸，关心他们生活的冷暖和学习的进步，关心他们各方面的发展和做人的好坏，师生间的情感才能相通，才能产生共鸣。

教师只有深入了解学生，所看到的是一个个具体的学生，而不是抽象的人的时候，才能激发起爱生之情。因此，了解学生的内心世界，是对每个教师提出的一条重要的道德要求。

要了解学生，就要主动接近他们，努力成为他们的知心伙伴。就要放下架子，以平等的身份参加学生的活动，与他们同甘共苦，这样学生才能把教师当成最可亲近、最可信任的朋友，把自己内心深处的秘密都告诉教师。教师要成为学生的导师，首先要成为学生的朋友。

要了解学生，教师还要有敏锐的观察力。教师要能够透过学生的眼神、表情、举止，甚至一个微小的动作，看到学生的心理变化。要做到这一点，教师就应懂得心理学，特别是儿童心理学和青年心理学，以帮助自己掌握学生心理变化的一般规律。

了解学生、关心学生，全面认识学生，教师还要有全面正确的认识态度，应当客观地、辩证地分析学生，看到学生所特有的"依赖性"和"独立性"。从"依赖性"来说，只要教师对学生尊重、关心，努力帮助他们，不辜负学生对自己的期望，师生间就能够建立起深厚的情谊，学生就能很自然地接受教师的指导，增加对教师的信任度。从"独立性"来说，每一个学生，都是一个独立的人，都有自己独特的兴趣爱好、生活经历和生活习惯，都有一定的自我意识，有一定的自尊心和自信心。教师应当认识到，不能要求学生无条件地服从教师，更不能不信任和压制、打击学生，这样会限制学生发展自己的空间，压抑他们的创新精神和创造能力，损伤他们追求进步的积极性。

关心、了解学生不是一朝一夕的事，而是长期的、贯穿整个教育教学过程的一项工作，教师要花时间和精力，深入了解学生的学习和生活实际，做学生的知心朋友。只有这样，学生才会把教师当做自己的良师益友。

2. 尊重、信任学生

尊人者，人尊之。尊重的需要是人的基本需要，渴望得到尊重是人内在的心理需求。教师应该把对学生的爱建立在平等的基础上，尊重、信任学生。教师尊重学生，主要体现在：

（1）尊重学生的人格。每个学生都有自己的人格和尊严，都渴望得到教师的尊重和信任。因为教师的尊重和信任，会使学生感到自己的品德、才华、能力得到承认，从而增强前进的信心，获得前进的动力，自觉地向着更高的目标发展。教师应该懂得，师生在人格上是完全平等的。教师不能把自己的话当做金科玉律，当学生对教师的决定和做法提出不同意见时，应心平气和地对待，正确的及时采纳，不正确的要向学生解释清楚。教师在批评学生时，要以尊重学生的人格为前提，以理服人，决不能讽刺、挖苦和训斥，不能采取体罚或变相体罚、打骂或在班中给后进生设"特座"等方法。对于特困生和学习困难的学生更应该尊重他们的人格，激励他们奋发向上，切忌言语尖酸刻薄。

（2）尊重学生的感情。人都是有感情的。学生往往会把对教师的情感移入到知觉或想像的对象中去，特别是容易进入教师所教的课程中去。就是说，学生都会喜欢尊重他们感情的教师，做到"亲其师，信其道"。反之，如果教师有意无意地伤害了学生的感情，刺伤了学生的心，他们会因为讨厌这位教师而讨厌这门课程，甚至于厌倦学习。

（3）尊重学生的自尊心。前苏联教育家苏霍姆林斯基说：

"在影响学生的内心世界时，不应挫伤他们心头中最敏感的一个角落——人的自尊心。"自尊心是人们希望别人肯定的一种积极情感，是不断追求、进取和向上的动力，是生活的精神支柱。有了自尊心，人才能够自爱、自律和自重，做了错事才能够自责，才能自我评价、自我监督、自我控制和自我教育。学生的自尊心都比较强，尊重他们的自尊心，就能够激发出他们积极进取、追求进步的动力，从而收到理想的教育效果。

（4）尊重学生的独立意识。学生是教师劳动的对象，这个对象是有思想、有个性、有创造性和独立意识的人，他们需要教师的教诲、关心和爱护，同样需要教师对他们独立意识的尊重。陶行知曾告诫教师："你的教鞭下有瓦特，你的冷眼里有牛顿，你的讥笑中有爱迪生。"教师要充分尊重学生，要让每一个学生都抬起头来走路。

教师要信任学生，一是要相信每一位学生都能成为一个好学生，都有一颗向往美好事物的心。即使他们有这样那样的缺点和错误，也是可以改正的。教师真诚地对待每一个学生，才能够得到学生的信任，才能消除隔阂，建立起良好的师生关系。二是要充分相信学生具有多种发展的可能性，有意识地发现和引导他们发展的潜能。陈旧的、落后的教育观在评价学生是否优秀时，存在着认识上的偏颇，即认为分数高的学生就是好学生，分数低的就是差学生。其实，学习成绩只是学生学习生活的一个方面，只是其个人成长的多个领域中的一个领域。对于学习困难的学生，教师不应该把其贬到落伍者的行列，使其丧失学习的信心，而应帮助他们寻找解决问题的突破口，恢复自信心。同时，教师应确信，人的天赋、发展的可能性、能力和爱好确实是无限量的，但每一个人在这方面都有自己不同的特点，我们应当在每一位学生身上发现他们独特的一面，帮助学生认识自己，看到自己发展的可能性，进而树立信心不断地提升自我。

总之，教师对学生的信任有助于学生自觉克服缺点，进行自我教育，提高自觉性，增强改正错误、纠正缺点的信心。教师信任学生是一条重要的教育原则,是教育成功的一把钥匙。

3. 爱而不溺、严而有格

教师对学生的爱,不是溺爱、宠爱、放纵学生,而是包含了对学生严格要求和耐心教导。这种严格要求应该是严而有理、严而有度、严而有方、严而有恒、严中有细。

(1) 要严而有理。严而有理就是要符合学生身心发展及教育的规律。教师对学生提出的要求要符合国家的教育方针,要有利于学生的身心健康发展,有利于学生学业的进步和良好行为习惯的养成。人无完人,正在成长中的学生难免会有这样那样的缺点和错误。有的学生粗野、无礼,不尊重教师,不听劝告;有的与同学打架吵闹,惹是生非。对这样的学生,教师经常是恨铁不成钢,有的教师能耐住性子、稳住情绪,用智慧和道理说服学生,但有的教师火气一上来,就会对学生责骂、体罚。从表面上看,这种行为是为了严格要求学生,但实际上却有害于学生的身心健康,教师要坚决避免这种做法,否则便是违背师德的。对学生的真爱要体现在,既对学生严格要求,又不损害学生的身心健康,以理服人,让学生心甘情愿地接受教育,以改正不良习惯和品行。

(2) 要严而有度。严而有度是指要符合学生的实际水平、理解能力,具有可接受性。教师爱学生,对学生提出的各种要求都要符合他们的身份、年龄和特点,如果离实际情况太远,要求过高,学生无法达到,这种严格也就毫无意义。同时,由于学生的思想、认识、知识水平、理解能力等的不同,在严格要求时,还应该防止"一刀切"。

(3) 要严而有方。严而有方就是要采取恰当的方法使学生乐于接受。教师对学生的严格要求能否收到效果,关键在于方法。只有方法得当,严格的要求才能在教育中奏效。要求学生这样做那样做,却不管学生心理感受如何。教师讲的,学生必须去服从、居高临下、盛气凌人。学生表面上在听,内心却未必服气,与教师的距离反而会越来越大。教师要采取耐心疏导的方法,要在教学活动中和师生的接触中达到教育的目的。

（4）要严而有恒。严而有恒就是对学生的严格要求要保持相对稳定，经常督促检查。绝不能时有时无，要常指点、常督促、常检查，把要求落到实处。对学生的要求最忌一时紧一时松，说一说就再无动静。如此，教育效果便会大打折扣。

（5）要严中求细。细就是要求教师要多听、多问、多看、多想。从生活、学习、思想等多个方面了解、关心学生，要善于从细节中发现潜在的问题，及时引导和规范，防患于未然。

其实，爱与严是共生的。爱是严的基础，它体现了教师对教育事业的无限忠诚和对学生的无比热爱。有了爱，严才会有效果。严是爱的升华，只有在爱的基础上提出的严格要求，才会被学生所理解，才有可能使学生自觉地遵守。只有把热爱与严格要求结合起来，做到严出于爱，爱寓于严，严爱结合，才能让学生在教师的真诚关爱中启迪心灵，在教师的严格要求中奋发成才。

4. 因人施教、不偏不袒

教师热爱学生就要不偏不袒，做到公正无私。在教育教学中，无论是好学生，还是学习困难生、顽皮生，教师都应一视同仁，使用同一个标准对待他们。如果教师将学生分为三六九等，有亲有疏，因为自己的喜怒哀乐而影响到对学生的态度，使学生受到歧视和不公正的待遇，甚至讽刺、挖苦和体罚学生，都会伤害学生的自尊心，让他们产生自卑心理甚至可能使他们自暴自弃。而那些享受"特权"的学生养尊处优，被宠出了毛病，这实际上也是一种伤害。所以教师应该公平合理地对待和评价每一个学生，满腔热情地去关心每一个学生。同时教师还要从每一个学生的不同特点出发，因材施教。

平等对待学生的标准：首先，平等既不是对少数人的平等，也不是对多数人的平等，而是对所有人的平等，特别是对处于各种不利地位的学生，必须平等对待。它包括以下几种情况：（1）平等对待智力和能力不同的学生；（2）平等对待学习成绩不同的学生。（3）平等对待男学生和女学生。（4）平等对待个性特点不同的学生。（5）平等对待不同家庭背景的学生。其次，在不同的教育情景中平等地对待学生。它包括：（1）在公布成绩时平等。（2）在进行各种选拔时平等。（3）在上课时平等。（4）在评价学生时平等。（5）在处理学生中发生的矛盾冲突时平等。（6）在自己心情愉快和不愉快时对学生要平等。

热爱学生是教师的天职。师爱不是溺爱，偏爱也不是滥爱。因为溺爱有失理智，偏爱有失公正，滥爱有失原则。师爱是尊重，是倾听，是宽容，是信任，是善良，是温柔，是公正，是平等，是鼓励，是赞赏。尊重与倾听是教育的基点，宽容与信任是教育的魅力，善良与温柔是教育的雨露，公正与平等是教育的内核，鼓励与赞赏是教育的张力。实践证明，教师真正用爱滋润学生的心田，就能赢得学生永远的尊敬和爱戴。

（三）教育现实中非人道现象及其成因

1. 教育中非人道化的表现

教育的人道性及其对教师的伦理要求，内在地决定了教师在教育中对学生的尊重和关爱。违背了这种伦理要求的教育，往往极易走向非人道化。在现实教育中常见的非人道化现象主要有：

（1）心理伤害。即对学生内在心理和精神的惩罚。其非人道性在于以各种方式侮辱学生的人格，刺伤学生的自尊心，伤害他们的情感，损伤他们做人的尊严。

（2）体罚。即对学生身体的惩罚。其非人道性在于无视学生做人的尊严，直接造成其肉体上的痛苦。这类惩罚在造成其学生肉体痛苦的同时，也给学生精神上带来了极大的痛苦。

（3）变相体罚。即并不是直接对学生人身诉诸拳脚和工具，而是以各种借口或其他形式间接地对学生进行处罚。

（4）经济惩罚。即在经济或物质上对学生进行的处罚。这里所指的，不是学生损害了学校的设施而应当作出的赔偿，而是指与此无关的经济上的非合理性惩罚。

上述几种表现仅是初步的概括，在现实的教育情境中它们的表现往往带有综合性。因为在对学生的体罚或变相体罚中，常常伴有心理和精神上的惩罚。这不仅对学生身心发展极其不利,而且也难以建立和谐互动的师生关系。

2. 教育中非人道现象的致因

尊重关爱学生,这是当今教育人道化所特别关注的重要方面。然而为什么当今非人道教育现象屡有发生呢?究其原因,可能有多种。从学校教育来看,不能不说教师是一个重要的方面。导致教师非人道教育言行的原因主要有以下几方面。

(1)陈旧师生观的影响

陈旧的师生观把教师看成是教育过程的主宰,对学生拥有绝对的领导权和支配权,学生被置于绝对服从的地位。教师地位的至高无上,使教师在教育中可以任意决定一切,在这样的师生观中,对学生的任意惩罚成为教师教育学生的合理手段。

(2)伦理观念上的误区

如何理解"教师打骂学生是对学生负责"这一观念的伦理误区?有的教师认为打骂惩罚学生是为了学生好,是恨铁不成钢,是对学生负责任的表现,是爱学生的表现,也就是人们常说的"打是疼,骂是爱"。我们不否认有些教师在惩罚学生时具有这样良好的动机和善良的愿望,但行为的过程及其结果却往往不具有善的意义。因为在这样的伦理观念中,并没有把学生当作和自己一样是有尊严和权利的人,并没把学生当作和自己一样是与别人地位平等的人。在这一基础上所产生的爱,具有很大的局限性,是一种无视人格尊严和人格平等的爱。其"恨铁不成钢"式的爱的行为,往往造成对学生人格尊严的伤害,对人格平等的剥夺,对身心健康的摧残,所以,这种为教的伦理观念是一种误区。现代的教师要走出这样的伦理误区。

(3)应试教育的影响

虽然当今大力推行素质教育,但社会仍然是以考试成绩来评价教育的效果。在现实中,老师发脾气、斥责、打骂、惩罚等不尊重学生的情况,更多是围绕学生的学习成绩而发生的。

(4)有些教师缺乏良好的个人修养和教育经验

教师对待学生的非人道表现,有时也与教师自身缺乏良好的个人修养及教育经验不足有关。就个人修养来讲,有的教师缺乏良好的修养，如性情急躁，处理问题易感情用事，一遇上不顺心的事或心中有怨气，往往不讲场合、不顾后果，容易动火发怒，迁怒于学生，发作起来往往对学生拳脚相加等，极易造成对学生身心的损害。从教育经验来说，有的教师工作经验不足，解决突发问题的办法不多。有时遇事茫然不知所措，慌乱之中往往采取粗暴的办法对待学生。特别是对那些调皮学生和差生，常常都是采取"硬整"的办法，这难免会出现非人道教育现象。

非人道教育现象的原因除上面这些以外，还有两方面的原因也不可不注意：一是有的教师品行败坏，性情恶劣，丧失人性。在教育中对学生毫无人性，凶狠残暴，恶意伤害摧残学生的身心。他们的行为有的就是灭绝人性的犯罪行为。这样的教师虽然是极少数，但却使教育的声誉受到了严重的玷污，败坏了教师的形象，这样的教师要清除出教育队伍，严重的必须绳之以法。二是有些打骂学生现象也有学生方面的原因。如有的学生是非颠倒美丑不分，目无法纪我行我素，品行败坏不知悔改。有的教师对他们公然扰乱课堂或危害他人的行为气愤至极，而使矛盾激化，发生暴力行为。这种情况虽不普遍，但却是当今学校所不能忽视的。

（四）教师如何热爱学生

热爱学生是教师必须具备的情感品质。可热爱学生并不是一件容易的事，让学生体会到教师的爱更困难。有研究人员曾在5所学校随机抽取120名教师，当问及"您热爱学生吗"时，90％以上的被试者回答："是。"随后研究人员对这120名教师所教的学生进行了调查，当被问及"你体会到了老师对你的爱吗"时，回答"体会到了"的仅占10％。这说明要让学生体会到老师对他们的爱并非易事。教师在教育、教学中，应该在以下几方面培养这种情感品质。

1. 优化师生关系

师生之间应建立民主、平等、和谐的新型师生关系，为此，教师要努力做到：

(1) 善待学生，关心学生

第一，关注弱势学生。"弱势学生"不只包括经济上处于弱势的学生，也包括孤儿、单亲家庭的孩子。他们或者情感脆弱，或者经济拮据，大多表现为自卑感程度高。教师需要对他们倾注特别的关爱，以鼓起他们自信的风帆，让他们享受与其他学生平等的受教育权利。

第二，宽容犯错学生。雨果说："世界上最宽广的是天空，比天空更宽广的是大海，比大海更宽广的是人的胸怀。"教师的胸怀应该比一般人的胸怀更宽广。学生是成长中的孩子，难免出错，要允许学生犯错。而教师对学生发自内心的宽容，有助于更为有效的教育。

第三，尊重个性学生。这里所说的个性学生特指脾气倔强、与教师意见常常不一致的学生。这类学生其实有很大的优点，他们的自尊心特别强。与教师意见常常不一致，并不意味着教师的说法就一定是正确的。即使教师的说法是完全正确的，教师也不能歧视或冷落这些学生，而应该公正平等地对待他们，使他们感受到教师的温暖，感受到爱的光明，从而使教育充满力量。

(2) 尊重学生

现在的学生多是独生子女，自尊心较强，他们往往要求独立自主，而不喜欢别人的管教。教师如果忽视了学生的自尊心，往往事倍功半。教师应摒弃那种高高在上的权威姿态，把自己放在与学生平等的位置上，采取平等对话的方式，与学生进行积极的交流、沟通。只有这样，学生的心灵才能被开启。尊重学生的真正内涵意味着不伤害学生的自尊心。不体罚、辱骂学生，不能大声训斥学生，也不能冷落、羞辱、嘲笑以及随意当众批评学生。

教师要尊重学生，要避免一桩桩痛心事件的发生，既需要树立正确的师生观、道德观，形成良好的个人修养，加强法制学习，还需要不断深化教育教学改革，变应试教育为素质教育。

(3) 因材施教

对于学困生，教师应该尊重和鼓励。学困生，由于成绩不理想，往往得不到老师的爱，因而极易自暴自弃。其实，他们同样拥有自尊心、上进心。作为教师绝不可抛弃、歧视他们，而应做他们的贴心人，表现出对他们的尊重、关注和期待，这样可激发他们的进取心。教师可以采取"心理换位"的方法，即把自己摆在学生的位置，体验学生的心理，时刻用两句话提醒自己："假如我是孩子"，"假如是我的孩子"。这样教师就容易做到既爱"白天鹅"又爱"丑小鸭"。对于中等生，教师应该信任和肯定。中等生是最易被教师忽视的一个群体，他们往往生活在被教师遗忘的角落里。教师在工作中应尽可能捕捉他们身上的积极因素，激发他们努力奋进的激情，使他们自觉向优秀生转化。对于优秀生，教师应该适时和适当地提醒与批评。优秀生集能力、荣誉于一身，常常能博得老师的喜爱，但是老师不能把"疼爱"变成"宠爱"、"溺爱"。"响鼓还需重槌敲"，对于他们身上的缺点要大胆地批评，不能心软。

2. 以身示范

"身教重于言教"，"榜样的力量是无穷的"。这些格言都说明了以身示范是强有力的教育手段。作为一名教师就要热爱教育事业，热爱学生，热爱生活，就要积极进取，具有良好的个性品质。这样才能以身示范，潜移默化地成为学生的表率。大量的教育实践证明，一个缺少教学素养，心理和品质欠佳的教师，难以得到学生的尊敬和爱戴，其教育自然不会有好的效果。

在对待学生上，教师也要以身示范。教师要时刻把学生当成朋友，以感情为纽带，让学生体会到你在关心他、爱护他。特别是对调皮的学生，不要冷嘲热讽，不要在全班同学面前批评他，更不能体罚或变相体罚他。

最好是多鼓励，多使用体谅性、引导性的话语，通过个别教育达到使其进步的目的。其实，教师每一次赞许地点头、期待的目光、会心的微笑、亲切的抚摸，都会使学生受到激励和鼓舞。一个爱学生的老师，才能得到学生的爱。

3. 公正和平等

师爱应该是平等的。早在春秋时期，孔子首创私学，他就提出了"有教无类"的教育观点。社会发展到今天，师爱应是最平等而民主的一种爱了。

（1）对待全体学生的平等与信任

教师在与学生交往时，要公正平等地对待每一个学生，不能以学生家庭背景分高低，不能以学生成绩好坏分优劣，更不能以学生智力高低定亲疏。如果教师处事不公，不仅会严重伤害学生的热情，破坏其判断是非的标准，而且会丧失教师在学生中的威信，从而降低教育的质量和效果。历史上的许多名人，如牛顿、毕加索、爱因斯坦、欧文等，小时候也都是学习不太好的学生，如果没有老师的一视同仁，继续关爱，他们也许就不会有后来的成就。教师要以博爱之心，平等地对待每一位学生，对成绩较差的学生，更应宽容，要以诚相待，善于发现他们身上的"闪光点"，及时给予表扬和鼓励，使其尝到成功的快乐。

（2）师生间关系的平等与民主

尽管教师和学生在年龄、阅历、知识水平等方面存在很大的差异，但在人格上，教师和学生应是平等的。教师应把自己放在和学生同等的地位，尊重学生的人格，保护学生的自尊心，和学生相处时，哪怕是讲话、交流的方式都应该讲究平等民主。

四、严谨治学

严谨治学的基本含义是：树立优良学风，刻苦钻研业务，不断学习新知识，探索教育教学规律，改进教育教学方法，提高教育、教学和科研水平。

（一）严谨治学的意义

人类文明是古老的地球所开放的最美丽的花朵。教师是人类文明的传播者。教师的根本职责，就是把人类千百年来创造和积累起来的科学文化知识和进步的思想观念传递给学生，使之转化为学生的素质。教师作为学生攀登科学高峰的引路人，应当有渊博的知识，对科学知识有通透的理解，在教学过程中做到游刃有余。所以，在教师职业道德规范中严谨治学占有非常重要的地位。

1. 严谨治学的含义

严谨治学要求教师在教学和科研活动中以实事求是、科学严谨、认真负责的态度对待自己的工作，勇于探索，大胆实践，不断求实、求精、求真、求善、求美，提高自身的教学水平。

（1）严谨治学是实事求是精神的体现

教书育人是一项职责重大的、严肃的工作，来不得半点虚假、敷衍和马虎，否则必会辱其使命。实事求是地对待工作职责要求，教师就应当严谨治学，而要做到严谨治学，则必然表现出实事求是的工作精神和工作态度。教师只有严谨治学，刻苦学习，不断提高自己的学识修养水平，才能成为一个合格的教育者。

（2）严谨治学是科学精神的体现

将严谨治学视为教师职业道德中的优秀品质，是因为它体现了教师追求真理、探索真理、捍卫真理的科学精神。科学精神的最高境界是真、善、美的高度和谐。严谨治学的教师对工作极端认真，精益求精，不断探索，勇于创新，勇于发现真理并捍卫真理，这种职业态度体现着科学精神。现代科学的发展日新月异，严谨治学的教师紧跟时代步伐，争做科学弄潮儿，这种精神追求体现着科学精神。此外，教师在严谨治学过程中不断锤炼教学艺术、不断提高教学技能、敢于同妄见谬说作斗争等，也是科学精神的体现。

（3）严谨治学是爱岗敬业精神的体现

严谨治学是教师爱岗敬业精神的集中体现。教师如果能够做到勤奋治学，刻苦钻研业务，对工作精益求精，那么他就是在努力实践着爱岗敬业的道德要求。如果教师有爱岗敬业精神，他必然有严谨治学的自觉追求；如果教师有严谨治学的科学态度，他必定是爱岗敬业的好老师。教师在严谨治学这一教师职业道德规范的规约下，更新思想观念，改革一切不适应时代要求的传统教育模式、教学内容、教学方法，是尽职尽责、忠于职守、勤业敬业的具体体现。通过严谨治学体现爱岗敬业精神，还表现在教师不回避矛盾和问题，勇于改正自身的缺点和错误。

总之，严谨治学体现着教师实事求是的精神、科学求真的精神和爱岗敬业的精神，这些精神是当代教师的必备素质。因此严谨治学构成了当代教师职业道德规范的重要内容。

2. 严谨治学的意义

教师要想真正承担起作为思想道德和科学文化传播者的职责，首先就必须提高自己履行这一职责的业务水平，而业务水平的提高必须依靠严谨治学的科学态度。教师的严谨治学，对教师、受教育者及教学质量都有着重要的影响。

（1）严谨治学是培养良好学风所必需的

所谓学风，简言之是指学习方面的风气，它包括学习精神、学习态度、学习动机、学习意志、学习方法等。这其中，学习态度是至关重要的，它影响着一个人素质的发展和事业的成败。一个学校有一个学校的学风，一个班级有一个班级的学风，一个学生也有一个学生的学风。学生的学风是他的整个精神风貌和各种人格因素在学习过程中的体现和反映，而学生学风的形成不仅受学校这个大环境和自身因素的影响，更重要的是受到直接的教育者——教师的影响。

教师是学生学习的榜样，教师严肃认真地提高自身业务能力和个人修养，完善知识结构和综合能力，以及以谦虚求是的态度对待学问等，都会给学生树立榜样。反之，如果教师对待工作马虎了事，对待学问不求甚解，怠于学习，故步自封，自甘落伍，要培养学生的良好学风几乎是不可能的。

（2）严谨治学是提高教师素质所必需的

毫无疑问，教师的素质是影响教育质量和决定教育事业成败的关键性因素。提高教师素质的方法和途径有很多，但任何一种方法和途径都少不了教师的主观努力，特别是教师的治学态度，更是有着举足轻重的影响。所以，要提高教师素质，首先必须树立严谨的治学态度。

其次，具有不断更新知识、完善知识结构的积极态度。当今世界，席卷全球的信息化浪潮和高科技的迅猛发展，使我们面临着数字化、网络化、智能化的全新环境，也必然对我们的教育思想、教育内容、教育手段乃至教学模式产生巨大的冲击和影响。当代教师，如果不能严谨治学，缺乏现代科学的最新知识，没有深厚的理论素养和合理的知识结构，不能熟练运用现代化教学手段去指导学生发现信息、捕捉信息、处理信息、研究问题和提高创造能力，那么，误人子弟不说，教师自身的威信也会受到极大影响。

再次，要不断强化教育教学能力，提高教学的艺术性。教书育人工作被认为是世界上最复杂、最困难的事情，教师教育教学艺术的进步、教育教学能力的发展完善是永无止境的。迄今为止，任何一本教育理论著作也不敢说已穷尽了对教育教学规律的认识，任何一个教育家也不敢说已全部掌握了教育艺术的真谛，教育工作中尚存在无穷的奥秘等待我们去探索。如何做到不断完善我们的能力结构，做到科学施教，是一个迫切需要解决的问题，而这些问题的解决离不开严谨治学的优良学风。

（3）严谨治学是不断提高教学质量所必需的

不断提高教学质量是教育的主题。自20世纪50年代开始，我国各界人士就一直呼吁各级各类学校要大面积地提高教学质量。而教学质量的提高依赖于高素质的教师队伍。教学活动主要是教师教、学生学的共同活动。在这个共同活动中，教师起主导作用，教师的学术水平、治学态度、为人师表和教学方法，对教学质量的提高起着根本性的作用。

（二）严谨治学的要求

1. 好学不倦，努力精通业务

教师的主要职责是教学，要真正搞好教学工作，教师平时必须勤奋学习，不断进取，熟悉、精通自己所从事的业务。当今，教育要面向现代化，面向世界，面向未来，这对教师提出了更高的要求，要求教师不要满足于现状，要学而不厌，刻苦钻研，掌握渊博的知识，更新教学内容，改革教学方法，这样才能适应教育和科学技术飞速发展的需要，才能跟上时代发展的步伐。

(1) 好学不倦的第一要义是有志于学

好学不倦、勤奋刻苦是为人师者应当具备的基本素质，也是教师获得创造教书育人资格的基本条件。没有好学不倦的精神，没有勤奋刻苦的行动，即使一个天资聪颖的人，也不免陷入呆板迂腐。因此，要做到好学不倦，就要有志于学。只有有志于学，才会以顽强的毅力克服学习过程中的种种困难；只有有志于学，才能做到"书山有路勤为径，学海无涯苦作舟"。所谓"吾生也有涯，而知也无涯"，有志于学是好学的动力。

(2) 好学不倦在实践中体现为勤奋

如果我们把学习看得比吃饭、睡觉还重要，达到废寝忘食的程度，自然算是好学了。因此，要做到好学不倦，基本要求就是勤奋刻苦，充分利用点滴时间，充分利用一切机会，克服困难，才能渐入"众里寻他千百度，蓦然回首，那人却在灯火阑珊处"的佳境。

(3) 好学不倦要求勤学好问，不耻下问

作为教师，应把自己放到学生的位置上，虚心向他人学习，向他人请教。如果总以为自己已经了不得，滋生出骄傲自满的情绪，那么就是已经放弃了好学不倦的要求，就不会有好学的行为。所以，为学需要放低姿态，遇到自己不知道、不了解的问题，虚心向他人请教，做到不耻下问，这才是真正的好学。尤其是教师要勇于向学生学习，以生为师是遵循教学相长规律的体现。教师尽管是闻道在先，但不可能是尽善尽美的。何况时代发展至今日，学生可以从多渠道接受知识和信息，与教师相比各有所长。教师就更加需要向学生学习，从学生身上吸取智慧，以便弥补自己的不足，并以谦逊好学的美德赢得学生的尊敬。

2. 把握规律，科学施教

厄瓜多尔教育家托里斯对新型的教师曾做过这样的描述：教师不仅要解释和运用课程，而且要适应和完善课程，更新知识，跟上基础学科的发展；为各种教学情况选择最适当的教育方法和内容；精心为学校设计教育教学目标；确定学生的学习需要并据此分班教学；鼓励小组学习活动，并参加与其他教师在一起的教研小组活动；掌握大众媒体信息，为学生批判地选用社会信息创造条件；对其教学职责和实践进行批判性的集体反思。从中我们可以看出，教育劳动是这个世界上最复杂的、操作起来难度最大的人类活动，教师要想胜任未来的教学工作必须把握教学规律，科学施教。主要应做到以下几点：

（1）主动汲取前人对教育规律的科学认识

积极吸纳前人的科学认识，是我们把握教育规律的一条捷径。在这一点上，应该特别强调的是，作为一个教师，需要努力掌握心理学和教育学知识。心理学知识对教师的重要性在历史上早有显现：历史上许多成功的教育家都有深厚的心理学素养，而很多成功的教育改革家都是建立在科学的心理突破基础上的。而教育学中凝结着人类对教育活动规律的科学认识，其重要性更是自不待言。

（2）及时总结和提炼自身的新鲜教学经验

教育劳动看似简单，实则繁难，仅仅依靠经验是远远不够的。不能否认，实践经验中有着对规律性的认识，不过经验如果没有自觉提炼的过程，就只能停留在直觉层面，不能应付事物的变化。所以，教师主动自觉地总结经验，使之上升到规律性的认识，是其严谨治学在实践活动中的体现。

（3）全面认识和把握教育教学规律

使教育活动走上科学化道路的关键，是教师的教育实践。这其中，最为重要的是教师科学施教的自觉要求。教师应当在教育实践活动中验证并不断完善科学认识，以科学的认识去指导教育实践，即在教中学，在学中教，切实做到古人所提倡的"教学相长"。缺乏大胆的实践，缺乏对教育规律自觉的运用，就很难做到把握规律，科学施教。

3. 严于律己，严格执教

严于律己，是指教师严格按照教育职责所要求的知识和能力素养标准，切实提高自身的素质，从而更好地履行教育职责，完成教育任务。作为人类灵魂的工程师，教师需要具有真才实学，否则，就像夸美纽斯所说的："不学无术的教师，消极地指导别人的人是没有躯体的人影，是无雨之云，无源之水，无光之灯，因而是空洞无物的。"同时，"严"并不仅仅针对学生，教师应严于律己。具体地说，要做到：

（1）从严修身

教师是学生成长最重要的典范，是学生直观的、活生生的榜样。在教育和教学活动中，一个教师表现出怎样的思想品德、治学态度、行为习惯，对可塑性、模仿性很强的青少年学生，有着直接的影响。

因此，教师应严格要求自己，从严修身，用自己的模范品行来教育和影响学生，做学生的表率。

（2）从严治学

教师是人类文明的传播者，没有广博的、全面的、系统的知识是不能满足学生的求知欲望的。教无止境，学无止境。教师应好学不倦，博采众长，构建精深、宽厚的知识结构，保持一桶水常满、常新，以便源源不断地提供给学生。

（3）从严执教

教师的专门职责是教书育人。为了培养德、智、体、美等全面发展的社会主义建设者和接班人，教师必须对每一个学生负责，在带领学生攀登知识高峰的道路上，做到不让一人掉队；在引导学生邀游知识的长河中，做到不让一人留在此岸。平时，对学生要听其言而观其行，不让一人沾染恶习；要不断净化学生周围的环境，不让学生的心灵受到任何不良风气的侵蚀。对学生中出现的不良习惯和行为要进行正确引导，耐心教育，循循善诱，诲人不倦，让学生既成才又成人。

4. 不断探索，勇于创新

江泽民多次强调指出："创新是一个民族进步的灵魂，是一个国家兴旺发达的不竭动力……一个没有创新能力的民族，难以屹立于世界民族之林。"因此，教师在发扬严谨治学精神的同时，也要不断探索，勇于创新。

"严谨治学"这一教师职业道德规范具有丰富而广泛的价值内涵，包含了多方面的教师职业道德要求。全面而深刻地理解或把握严谨治学这一教师职业道德规范，严格按照其提出的要求去做，是教师的责任和义务。

五、团结协作

教育是一项系统工程。从宏观上讲，人才的成长是学校、家庭、社会等各方面因素组成的"教育合力"共同施加影响的结果，单靠个人的力量是很难实施的。现代教师必须具有团结协作精神，既要注意学校相同学科间的协作和不同学科间的协作，又要注意与社会方方面面的协作。团结协作是教师处理好多种人际关系的一项重要的道德要求。

（一）团结协作的意义

现代教育是一种全新的开放式和立体化的教育，它培养人才的过程是一个多方协作、共同努力的过程。任何一个学生的全面健康的成长，都是由学校、家庭、社会等多方面教育因素共同施加影响的结果。要使学生全面发展，成长为对社会有用的人才，仅靠教师的个体作用是不行的。水平再高的教师，仅靠个人的作用也很难使学生在德、智、体、美、劳诸方面全面发展。即使是学科教学，也需要各个学科的教师共同努力、密切协作，才能使学生掌握更加全面的知识。因此，团结协作是教师职业道德的重要行为规范，它表明了教师对其所属的劳动集体的基本态度。

1. 团结协作有利于教育合力的形成

所谓教育合力，是指各种教育因素所施加的全方位的、立体式的综合影响。教育合力的性质、方向和强度不同，对于学生的影响不同，塑造出来的人也就不同。正如陶行知所指出的那样："在一个集体当中，每一个活人之塑像，是这个人来一刀,那个人来一刀,有时是万刀齐发。倘使刀法不合于交响曲之节奏,那便处处是伤痕,难以成为真善美之活塑像。在刀法之交响中,投入一丝一毫的杂声,都是重伤整个的和谐。"这段话十分形象地揭示了现代教育的特点:它是一个多方协作、共同努力的过程。教师在促进教育合力形成的过程中起着重要作用。

(1) 教师是有计划、有目的的教育活动的组织者

社会要发展,国家要昌盛,就必须按照一定的培养目标,有计划、有目的地教育和培养面向未来的一代新人。在这个过程中,各级各类学校的教师承担着重大的责任,必须努力去调动社会上的一切有利于学生成长的教育因素,并使这些教育因素协调一致、紧密配合,从而达到更好的教育效果。

(2) 教师是懂得教育理论、掌握教育规律的专家

教师在培养人、教育人这项艰巨工作中,与学生家长及社会上的其他人相比,具有较多的长处和优势。他们有责任同时也有能力去协调各种教育因素,并从理论上对各种教育因素进行指导、鉴别和纠正,设计并实施使教育合力达到最优化效果的方案,以便更好地实现教育目的。

(3) 教师是对学生进行教育的主要力量

在青少年的成长过程中,虽然学校、家庭和社会都会对他们产生深刻的影响,但家庭和社会的影响往往带有自发性和随意性,缺乏严密的计划性和严格的科学性。学校教育是教育过程中的主导因素,教师是教育学生的主要力量。这就是说,协调各种教育因素、优化教育合力的任务,主要由教师来承担。

2. 团结协作有利于教师提高自己的职业道德水平

既然教育劳动是一种需要多方协作、共同努力的集体劳动,教师在教育合力的形成中具有主导作用。那么,理所当然,教师应该做到关心集体,团结协作。

(1) 坚持以发展教育事业、培养合格人才为重

只有每个教师都胸怀发展教育事业、培养合格人才这个大目标,才能真正搞好校内外的团结协作;否则,目标不统一,

就会造成"各吹各的号，各唱各的调"那样的混乱情况，甚至陷入为各种鸡毛蒜皮的小事和无谓的矛盾而纠缠不休的境地。所以，教师不能仅仅从一个教研组、一个年级或一所学校出发来认识"关心集体、团结协作"的意义，而必须把眼光放远大一些，把思路放开阔一些，坚持从国家教育事业的全局出发来认识这个问题。

（2）正确运用"团结——批评——团结"的方法

达到团结协作需要正确的方法。这就是毛泽东倡导的"从团结的愿望出发，经过批评或者斗争使矛盾得到解决，从而在新的基础上达到新的团结"的方法。运用这一方法：首先，要坚持从团结的愿望出发。如果主观上缺乏团结的愿望，就会把事情搞乱，弄得不可收拾，不利于教育教学的顺利进行。其次，敢于和善于开展批评和自我批评，既不能不讲是非、一团和气，也不能不讲方法、乱斗一气。"人非圣贤，孰能无过"，自己有了错误，要善于解剖自己、批评自己，更要能够接受别人的批评，要本着"有则改之，无则加勉"的态度，虚心听取别人的批评和建议。对于别人出现的过失，要客观、公正地给予批评，遵循"惩前毖后，治病救人"的原则，做到"知无不言，言无不尽"，切忌无中生有，恶意中伤。再次，力求取得好的效果，实现在新的基础上达到新的团结的目的。

（3）充分发挥个人的积极性和主动性

"关心集体、团结协作"与个人积极性、主动性的发挥，不是相互对立的，而是相互统一的。个人的作用发挥得好，集体才会更加富有朝气；而集体越是和谐统一，个人也才能更好地施展自己的聪明才智和创造潜力。所以，教师要辩证地认识和处理个人与集体的关系，自觉抵制和克服一切以个人为中心的个人主义倾向。对于现实生活中存在的文人相轻、斤斤计较、互相埋怨、互相拆台、见了利益就争抢、出了问题就推诿等不良风气，我们不仅要警惕，还要与之进行必要的斗争。

3. 团结协作有利于提高教育教学质量

就是作为"人类灵魂的工程师"，教师要通过自己的劳动，让受教育者获得更多知识，提高思想觉悟，由此来改变他们的精神面貌，塑造他们美好的心灵。

团结协作有助于克服、解决教师之间，教师与领导之间，教师与教辅人员之间的分歧和矛盾，形成良好的人际关系，能对全校师生起到潜移默化的教育和熏陶作用，并能长久地影响教师和学生的工作、学习和生活。团结协作可以使教师轻松愉快、精力旺盛，更能发挥他们的聪明才智，提高工作效率，形成教育合力。同时，可以使学生保持稳定的情绪、愉快的心情、敏锐的智力，在学习过程中如沐春风，奋发向上，形成良好的思想道德和个性品质等。因此，教师集体的团结协作，对学生的成长和教师的工作具有很强的增效功能。

（二）团结协作的基本要求

1. 关心教师集体，维护集体荣誉

关心教师集体，维护集体荣誉是团结协作的基本要求，它要求教师做到：处理好个人与集体的关系，把个人和集体融合在一起；热爱教师集体，维护集体利益；教师要维护集体的荣誉，并为集体创造荣誉；自觉维护集体的团结，正确对待集体中的矛盾。

2. 克服"文人相轻"，相互学习配合

文人相轻是指知识分子之间相互看不起，彼此不尊重。克服或避免"文人相轻"，要求教师做到：

谦虚正直。缺乏谦虚正直的品德，是导致"文人相轻"的重要原因。

维护其他教师的威信，做到文人相助。

3. 尊重同志，相互学习，建立和谐的人际关系

教育集体中的人际关系比较复杂，在处理这些关系时，双方应做到相互尊重，相互学习，团结共进。

第一，担任同一学科的教师要从教好学生这一共同目的出发，相互学习，相互帮助，取人之长，补己之短。

第二，不同学科的教师，特别是教同一个班级的不同学科的教师，也要相互尊重，相互配合。新教师之间要相互尊重，

相互学习。优秀教师与其他教师之间也要相互学习。教师与学校领导之间要互相理解。教师与教辅人员、后勤人员也应相互尊重，相互支持。

（三）正确处理教师之间的关系

教师与教师之间的关系，是学校生活中普遍存在、经常会遇到的一种人际关系，它包括教师与教师集体、教师与教师个体之间的关系。教师与教师之间的关系，是在根本利益一致基础上的同志和朋友关系，他们在工作目标上是一致的；在是非标准上是一致的；在育人过程中，教师之间相互依赖、共同性很强。但是，由于分工不同、个性差异、利益冲突等因素而产生的排斥性心理或行为，也会影响教师之间的团结。要处理好教师之间的关系，应做到以下几点：

1. 互相尊重，通力合作

教师在地位、人格和法律上是平等的，教师之间应相互尊重，包括尊重对方的人格、尊重对方的自尊心、尊重对方的劳动。任何蔑视、贬低别人的言行都是有违职业道德的，更不能不择手段地抬高自己、贬低他人。教师之间长期共事，难免出现这样那样的矛盾，这些矛盾有时表现为利益冲突，有时表现为意见分歧，有时表现为相互误解。这就要求教师经常检讨自己的行为，胸怀大度，真正做到少一点埋怨，多几分理解，少一点怀疑，多几分信任，共同营造和谐的工作关系。

（1）处理好同年级教师之间及不同年级教师之间的关系。教同一年级的教师之间由于平行班的竞争可能会产生矛盾，因此，不要因为竞争而忘记了协作，忽视了对同一年龄段学生身心发展状况和工作经验的探讨和交流。教不同年级的教师之间，在对学生的教育上要注意衔接和过渡，妥善地迎来送往。低年级教师要为高年级教师的工作打好基础，做好铺垫；高年级教师要向低年级教师了解情况，学习经验，以保证教育工作的连续性和一贯性。

（2）处理好相同学科教师之间及不同学科教师之间的关系。所教授的学科相同的教师要相互学习，勤于切磋。这部分教师虽然知识结构相近，但由于毕业学校、教学方法、工作年限的不同，每位教师都各有风格、特点和长处，因此应当经常交流经验，交换信息，以求得共同提高。要改变"同行是冤家"的不良风气，不能为了保持自己的"优势地位"而搞资料"封锁"、知识保密。不同学科的教师要创造合作的条件，主动地相互配合。教学计划所规定的各门学科，都是学生全面发展所必需的，它们之间相互联系、相互促进。随着现代科学知识的发展，各学科之间出现了相互渗透、相互依赖的趋势，各门课程的教学工作日益具有内在的联系性和统一性，因而一个教师不仅要教好本学科，还要主动关心和配合其他学科的教学，以促进学生全面完成学习任务。过分地抬高本学科而贬低其他学科，甚至无理地、片面地争地位、争课时，是不对的。

（3）处理好新老教师之间的关系。新老教师在朝夕相处中，不要仅局限于知识和教学经验的传授与学习，还要注重包含着思想感情的其他交流。老教师丰富的教育教学经验，渊博的学识，一丝不苟的工作态度，严谨治学的精神，会对青年教师产生深刻的影响；新教师朝气蓬勃、虚心好学、勇于创新、积极进取的精神，对老教师也是一种促进。因此，青年教师应该虚心向老教师求教，认真学习他们的知识和经验，使自己少走弯路，更快地成长；老教师应以诲人不倦的精神，热忱地爱护和关心青年教师的成长，同时也应主动吸取他们的长处，使自己永葆青春。

（4）处理好优秀教师与一般教师的关系。优秀教师在教学过程中有过人之处，但不能就此认为自己处处优秀，高高在上，甚至盛气凌人。这样不仅不利于自身业务水平的提高，更不利于教师之间的团结协作。会在自己与其他教师之间竖起一堵无形的墙，使自己成为"孤家寡人"。教学水平一般的教师一方面要好好反省自己，找出自己与优秀教师的差距，努力学习，以期迎头赶上；另一方面还应虚心地向优秀教师请教，学习他们的教学经验和好的教学手段，提高自己的教学水平。切忌相互"不买账"、你看不起我、我看不起你，甚至互相诋毁。

（5）处理好班主任与科任教师之间的关系。班主任与科任教师之间要密切配合，协调一致。班主任对于学生全面、健康成长负有重大责任，但在教育过程中对学生发挥作用的不只是班主任一人，而是整个教师集体。因此，班主任要善于团结其他科任教师一道工作，经常向科任教师了解学生思想、学习的情况，听取他们对班级管理的意见，请他们参加主题班会和各种课外活动等，同时还要注意维护科任教师在学生中的威信。科任教师则应主动配合班主任工作，经常把自己了解的情况反映给班主任，并在教学中、在与学生接触中做好学生的思想教育工作。

2. 关心教师集体，维护集体荣誉

关心教师集体，维护集体荣誉是教师团结协作的基本要求，也是团结协作的生命力所在。

（1）教师个体要服从教师集体的目标和利益，把个人和集体利益融合在一起。教师集体，是做好教育和教学工作的重要因素，每个教师只有把自己融入集体，才能最大限度地发挥其聪明才智，个人的目标和利益才能得以实现。

（2）教师个体要热爱教师集体、维护集体利益。教师的教育活动，离不开教师集体的支援和激励。在教育实践中，有了良好的教师集体，教师之间就能够互相帮助、取长补短，有利于个人业务能力的增强；就能够以诚相待，互相砥砺，有利于个人思想水平的提高；就能够心情舒畅，工作愉快，有益于个人身心的健康。总之，良好的集体是每个教师的智慧和力量的源泉，维护集体利益、争取集体荣誉是每个教师的神圣责任。

（3）维护集体团结，正确处理矛盾。团结是集体的生命，每个教师都应该为维护集体的团结贡献力量。不要把自己的知识和经验看成是个人的"私有财产"，而应该把它奉献给集体，使它变为集体的财富。别人遇到困难，要慷慨相助；集体内部产生了矛盾，要顾全大局，必要时要牺牲自己的利益以维护集体的利益。教师之间要经常沟通，以形成统一的认识，提高工作的效率。

3. 相互激励，公平竞争

教师之间的竞争是建立在根本利益一致基础上的奋勇当先、比学赶帮、共同提高的竞争。这种竞争与团结协作不是对立的，而是相辅相成、互为补充的。教师与教师之间开展有利的竞争，能更好地提高业务水平。但是，由于个人主义思想的影响，教师之间的竞争也可能发展到错误的方向上去，即不是为了发展教育、培育新人，而是为了挤垮别人、抬高自己，这种所谓的"竞争"是团结协作的敌人。因此，教师要在理论和实践上把团结协作同开展有益竞争辩证地统一起来。这样，个人才能得到提高和完善，教育事业才能得到推动和发展。

教师既要有合作意识、合作能力，也要有竞争意识、竞争能力。竞争意识，通常是一种激发自我提高的动机形式，在这种活动中，个人为了取得好成绩而与别人展开竞争。通过竞争能够锻炼人的综合素质，尤其是心理素质。教师通过竞争，能充分发挥自身的各项潜能，激发个人的主动性和积极性，提高学习效率。作为一名教师，不仅要能够与人合作、共同促进教育事业的发展，同时也要善于竞争、在自己的工作岗位上有所作为。

总之，教师集体的团结合作是教育事业兴旺发达的标志和可靠保证，教师之间的公平竞争又是教育事业发展进步的促进力量。在充满竞争又需要合作的社会里，教师要树立正确的竞争观、合作观。教师之间的竞争与合作，应当是在合作中竞争，在竞争中合作，开展正当公平的竞争，进行友好合作。

六、尊重家长

尊重家长的基本含义是：主动与学生家长联系，认真听取意见和建议，取得支持和配合，积极宣传科学的教育思想和方法，不训斥、指责学生家长。

（一）尊重家长的意义

尊重家长是教师职业道德的基本规范，是对教师处理与家长关系的基本要求。教师与家长，因为共同的教育目标走到了一起，教师尊重学生家长，与他们团结协作，就能充分调动各种教育资源，形成教育的强大合力。由于种种原因，教师与家长在对孩子的教育问题上仍会存在一些分歧，如何有效地与家长沟通，增强教育效果，是每一个教师面临的重大问题。

家长是一支蕴藏着巨大教育潜力的队伍，从教师和家长的数量比上看，我国现有 2 亿多学生，只有 900 多万教师，却有 2 亿多家庭和 3～4 亿家长。尊重家长，调动他们的积极性，提高他们的教育素质，对于发展我国的教育事业，提高整个中华民族的素质，具有重要的意义。

1. 有助于学校教育与家庭教育的有机结合

学校和家庭是学生活动、学习和生活的主要场所，中小学校是具有教育功能的社会专业机构，对学生的身心发展起着主导作用，但家庭对学生的影响从内容到形式都有学校教育无法相比的优势。总之，家庭教育与学校教育是各具独立形态和独立特点的教育，但各自又都有一定的局限性，如果二者结合，协调一致，就能在总体上更好地促进学生的发展。实现这一点，学校和教师要争取主动，做到尊重家长，和家长保持联系，适时通报学生的在校情况，充分发挥家长的作用。只有建立起良好的教育联系，才能真正实现学校教育和家庭教育的有机结合。

2. 是搞好教育工作所必需

教师是联结学校教育和家庭教育的桥梁和纽带，是协调学校教育和家庭教育的主要力量。一般说来，在教师和家长的关系中，教师处于主动地位，起着主导作用。从人际交往的角度看，教师尊重家长有三方面的意义：首先，有利于信息沟通。教师只有尊重家长，双方才能建立必要而充分的联系，才能沟通信息。只有通过这种信息交换，才能真正全面地了解学生，才能对学生作出客观评价，才能施以科学的教育。其次，有利于优化教育环境。在一个人的成长中，社会是大环境，家庭和学校是小环境，但也是最可塑的环境。尊重家长，教师与家长达成共识，是育人环境优化的重要环节。最后，互助互补。一般说来，教师和家长在经历、经验、思想水平、知识能力上存在着客观的差异，这就决定了教师与家长的交往具有互补性和必要性。只有二者相互尊重，才能相互理解，彼此促进，达到互补互助。这种经验、思想和知识的互补，是双方自我提高的有利因素，终将有利于孩子的健康成长。

总之，教师尊重学生家长是保持学校教育与家庭教育的一致性、形成教育合力的客观要求和前提，是增强教育实效的有效途径，也是教师应有的职业道德。

（二）教师与学生家长关系的道德性调节

1. 主动与学生家长联系，谋求共同一致的教育立场

教师主动与学生家长联系，有利于沟通感情，相互理解，谋求一致，有助于问题的解决。总之，要处理好教师与学生家长之间的关系，重要的就是在教育过程中有共同一致的立场。

2. 认真听取家长的意见和建议，取得家长的支持和配合

教师应经常向家长征求意见，虚心听取他们的批评和建议，以改进自己的工作。这样做，会使家长觉得教师可亲可信，从而诚心诚意地支持和配合教师的工作，维护教师的威信。

3. 尊重学生家长的人格

教师虽然在教育过程中占主导地位，但是在教师和学生家长的关系中，他们在人格上是完全平等的。教师不能训斥学生家长、指责家长，不能说侮辱学生家长人格的话，不能做侮辱学生家长人格的事，否则会造成教师与学生家长之间的隔阂甚至对立，还可能引起学生家长对教师的不满，损害教师的形象，影响教育效果。

4. 教育学生尊重家长

教师教育学生尊重家长，不但可以提高家长的威信和作用，增强家庭教育的力量，而且家长看到自己的孩子在教师教育下健康成长，对自己又是那样尊敬时，就会由衷地感谢教师，更加信任教师。

（三）尊重家长的正确方式与方法

许多教师都有家访的愿望和成功经验，需要注意的是，教

师在与家长联系的过程中一定要讲究方式方法。

1. 主动加强联络，谋求共同立场

教师与家长联络的目的是为了双方更好地了解学生，互通情况，共同商讨教育的方法，协调教育的步子，把学生教育好。这种联络必须经常进行，否则学生家长就会把教师的偶尔联络、家访视为"如临大敌"。有的教师可能会强调，他教学工作繁忙，班级工作头绪繁多，一个班级又有几十位学生家长，要与每一位家长联络是不可能的。但是真正有责任感、事业心的教师，应该能创造出条件与学生家长进行联络。

（1）家访或电话联系

作为教师，应该正确地进行家访。家访的方式视教育目的而定，如粗访、细访、重访和特访等。有的教师在与家长的关系上，不是那么积极主动，那么热情耐心，与家长的沟通少，至于家访，更是名副其实的"无事不登三宝殿"，常常是孩子在学校出了事，才走进学生家门。教师必须改变"告状"式的家访，否则，不仅不能沟通教师与学生家长的关系，而且容易引起师生关系、亲子关系的紧张、恶化，甚至会产生严重的后果。有条件的家庭可以与家长电话联系，及时沟通情况，以便更好地了解学生，寻求支持。

（2）召开家长会

家长会可以使家长了解学校的教育要求，交流先进的学习方法和教育方法，听取意见，等等。但召开家长会必须讲究实效，不图虚名，否则既浪费时间，又浪费精力，会使学生与家长产生反感。有的教师常常是一个学期，或期中，或期末开个家长会，向家长通报孩子的学习成绩和在校表现，最后提出希望，要求家长如何如何。至于家长有什么意见和建议，则由于时间关系，常常被省略了。教师要与家长建立融洽的关系，不能坐等家长找上门，而应该主动与家长保持联系。一方面，学校要在教师中多宣传，多动员。另一方面，学校还应该建立专门的制度进行推动。

2. 征求意见和建议，寻求支持与配合

教师要提高认识，虚心听取家长的意见和建议，不断改进工作，缩短学生家长与教师的心理距离，从而使学生家长诚心诚意地支持和配合教师工作，维护教师的威信。

有些教师在家长面前，不自觉地流露出教师总是正确的"权威心理"，不能虚心、耐心地听取学生家长的批评意见，这种态度是错误的。事实上，即使是教育水平很高的教师，也难免在教育教学工作上出现失误。作为教师，应当以开放的心态接纳家长。鼓励他们对学校的各方面工作提出合理化建议。

3．尊重家长，待人公正平等

与家长比较，在专业教育知识和技能方面，教师无疑有着相对优势，但这不能成为教师忽视家长教育作用的理由。相反，教师必须尊重学生家长的人格、尊重家长教育子女的正确观点和方式方法。

在一些家长会上，教师大谈特谈孩子的缺点、不足，对家长颐指气使，使得家长没有与老师交流和发表意见的机会，一些家长很有怨言。要知道，任何一个家长只要遇到涉及到自己孩子的事，总是十分敏感的。家长不易接受教师在众人面前数落自己孩子的缺陷和错误，不愿意教师用其他孩子之长来比自己孩子之短，更难以忍受教师在家长会上对孩子及自己的指责或影射。即使教师说的都是真话，家长由于自尊心受到伤害，也会认为教师是恶意的，从而产生反感。这种情况必须避免。

4．教育学生尊重家长，提高家长的威信

一个好教师，不仅要自己身体力行地尊重学生家长，而且还要教育学生尊重自己的父母。现在许多学校要求学生平时在家帮父母洗菜、扫地，在节日里送上自己制作的小礼物，表达对父母的尊敬和热爱，引导学生学习父母艰苦朴素、勤勤恳恳、为人清白、忘我劳动、积极进取等良好品质，这是值得肯定的。

这样，教师和家长就会在相互尊重的基础上，产生共同语言，从而有利于对学生的教育。

5．帮助家长转变观念，提高教育水平和艺术教师有责任帮助家长明确教育目的，了解教育原则和方法，改变不适当的教育方式，从而提高教育子女的水平。

(1) 更新教育观念

有些家长由于缺乏教育知识和经验，在教育孩子时会产生这样那样的问题。如，有的家长信奉"棍棒底下出孝子"，有的家长不尊重孩子的人格和权利；有的家长把孩子看成"小皇帝"，过分溺爱，百依百顺，等等。

面对这些情况，教师积极给家长提供帮助。如向家长介绍我国的教育方针和学校的教育要求，使他们明确教育的目的和原则；向家长推荐有关教育科学的书籍、报刊、杂志，使学生家长能够逐渐提高教育理论和知识水平；组织"家长委员会"，发挥家长集体的作用，让家长交流教育孩子的经验和方法，提高教育孩子的艺术；还可开办"家长学校"，利用业余时间给家长讲授教育理论知识和实践经验。

(2) 把培养孩子的高尚品格作为第一要务

教师要帮助家长把明确培养孩子的良好品德作为第一要务，从一点一滴的生活小事抓起。"不积跬步，何以至千里？"父母也要言传身教，为孩子树立好榜样。

(3) 正面教育，积极引导

由于家庭教育在目标、方式、方法上，常常取决于父母的思想品德、文化教养和教育能力，而子女受父母的教育影响和熏陶因血缘关系是无法选择的。因此，有必要发挥学校和教师对家庭教育的引导作用，优化家庭育人环境。

首先，成立以学校为中心的家长委员会。把家长中关心学校的积极分子组织起来，参加学校的教育管理。让他们听取学校的工作汇报，为改进学校工作献计献策。学校亦可发挥家长的优势，挖掘其中的教育因素，组织他们中的先进人物、专业技术人员为学生作报告。

其次，开办家长学校，提高家长的教育素养。学校可以有计划地对家长进行培训，以提高家长的教育素养；可以请"家教讲师团"较系统地传播科学育人的知识，减少家长在教育上的随意性；也可以召开教育子女的经验交流会，聘请教子有方的家长传经送宝；学校还可以定期实行"家长开放日"，请家长来学校观摩学生上课，参加学生活动，使家长有机会直接向教师学习教育方法，了解自己子女的发展水平；另外，开展家庭教育咨询和家庭教育研究，建立健全家长与学校联系制度等，也是必要的。实施以上这些措施的目的是，使每个家庭都能提高教育水平和效果，让每个家庭都能有一个良好的环境，推动家庭教育由随意性向正规化、科学化转变。

七、廉洁从教

廉洁从教是对教师职业道德情操方面的要求，是调整教师与物质诱惑之间关系的道德规范。廉洁从教的基本含义是：坚守高尚情操，发扬奉献精神，自觉抵制社会不良风气影响，不利用职责之便谋求私利。

（一）廉洁从教的意义

由于教师是肩负社会育人大任的工作者，教师的职业劳动在社会分工中具有特殊的地位和作用，由于教师职业劳动具有崇高性、奉献性和示范性等特点，廉洁从教就成为教师必须严格遵守的道德规范。

1. 廉洁从教是为师从教的根本前提

所谓为师从教，一是指教师能够被教育岗位所接纳，并胜任这一工作。这一点实质上说的是，够不够资格当教师的问题。二是指教师对学生施加的各种教育影响，能够在学生中得以确立，即被学生信得过并且接受，内化为自身品德。这一点实质上说的是，教师对学生进行教育能不能有效的问题。够不够资格当教师、对学生进行教育能不能有效，一个重要的因素就是能不能做到廉洁从教。

教师劳动是一种示范性劳动，在一定意义上这种示范主要是教师人格的示范。教师的人格是一种重要的教育手段，其教育力量是任何教科书、任何道德箴言、任何惩罚和奖励制度都无法代替的。廉洁是教师良好人格的一个重要方面，具备廉洁公正的品格，其人格才具有可信度，其教育也才具有可信度，现实中许多优秀教师的事迹都说明了这一点。相反，为师不廉，教师的人格及他们所进行的教育就难以产生可信度，甚至会被学生看不起。

2. 廉洁从教是教师保持教育公正性的重要保证

教育公正是指在教育教学活动中，教师要公平合理地对待和评价全体合作者。其中，公平合理地对待和评价每个学生，是教育公正最基本的要求。坚持教育公正性，不仅是当代世界教育民主化、人道化发展的必然要求，也是由我国当代教育改革和发展目标所决定的。我国当代教育改革的根本目的，是使学生素质得到全面发展，它要求教师要面对全体学生，要发展学生的全面素质，要使每一位学生都能在其原有基础上得到全面发展。另外，在教育中，学生的差异性是普遍存在的。实现教育的公正性，教师是关键。没有公正执教的教师，也就不可能真正实现教育的公正性。为教公正与廉洁从教是密切联系的，要做到教育公正，首先要从廉洁开始。

3. 廉洁从教是培养学生良好情操和是非观念的重要条件

情操是感情和思想融合在一起的、不易改变的心理特征，是人对具有一定文化价值的东西所怀有的一种复杂的、有组织的情感倾向。教育是培养良好情操的重要途径，这种教育力量只能从人格的活的源泉中产生出来。也就是说，教师廉洁公正，才有利于学生养成良好的情操。因为廉洁才能名节清，名节清而风气正，风气正才自然会产生一种激励人向善的力量。廉洁执教所产生的道德感召力，能深刻影响学生的道德情感和精神世界，使他们敬佩这种高尚的品格并默默地进行思想和行为的自我鞭策、自我修养。

廉洁从教有利于学生养成高尚的道德情感。许多事实证明只有廉洁公正的教师才会无私地热爱学生，不贪图什么，也不索求什么，他们对学生的关爱之情是自然而然的情感流露。学生在这种伟大而无私的爱的情感氛围中受到陶冶和感染，从而形成高尚的道德情感。

廉洁从教有利于学生养成高尚的道德操守。因为一个教师抱着廉洁树人之志，才能不纳苞苴（馈赠的礼物），不受贿赂；才能淡泊名利，拒绝奢华；才能悉心执教，以育人为乐。这种高尚的道德情操会在教育过程中为学生所感受到，并对学生人格成长产生潜移默化的影响。

廉洁从教还有利于学生形成正确的道德是非观念。中小学生正处在道德是非观念发展的关键时期。这一阶段他们虽然已有了一定的是非观念，但还是很不稳定的，小学生判断是非的标准往往是以外在权威人物评价为依据，如家长、教师等。中学生判断是非的标准开始注意根据已有的知识经验进行独立的评价。中小学生的道德是非观虽有所不同，但在它们的各自发展中，教师的是非观、教师对某些事情肯定或否定的态度和行为，仍然是影响学生是非观念发展的重要因素。学生也总是在教师对某些事情肯定或否定的评价及行为中，才领略到什么是"是"，什么是"非"。这其中对学生是非感影响最大的莫过于教师是否廉洁。教师执教廉洁公正，学生就会逐渐认识什么是廉耻，什么是正直，什么是卑贱，什么是高尚，进而逐渐形成一定的是非感和判断是非的能力。

4. 廉洁从教对社会文明风尚的倡扬具有重要影响

社会对教师所期望的、所关注的不仅是如何培养下一代的问题，而且有更为广泛的社会示范性和引导性。因而，社会对教师的选择比一般行业要严格得多，不仅要求有学识，而且要求有示范学子和世人的良好品行。在期待他们培养优秀人才的同时，也要求他们对世人有良好的文明示范作用，以引导社会文明风尚。社会对教师社会示范引导作用的期待，以及教师这一职业的特殊性，使教师的言行常常被当做社会所认可的、最能体现社会意愿的典范。可见，教师言行对社会风尚有着巨大的影响，其廉洁从教的行为因此便显得格外重要。教师执教不廉不仅有着自身的形象，还会带来许多人价值观的迷惑或错位，甚至使学生或他人习染不良风气，助长不良风气的形成。如果教师廉洁从教，不仅使行风清正，学子尚德，而且能垂范世人，净化世人灵魂和社会风气，使文明风尚得到倡扬。可见，廉洁从教具有重要的社会意义，特别是在我国社会新旧体制转换的变革时期尤为重要。

(二) 廉洁从教的基本要求

1. 坚守高尚情操，发扬奉献精神，保持廉洁自律

教师的职业不仅崇高伟大，而且最富于自我牺牲精神。教师职业劳动的奉献性主要体现在三个方面：首先，教师职业劳动的根本目的，是为国家、为民族培养人才。广大教师在长期的职业劳动中，形成了一种职业心理：学生健康成长，使教师感到快慰和自豪；学生不求上进或犯了错误，使教师感到忧愁。教师职业劳动的本质是奉献，而不是索取。其次，教师职业劳动所产生的社会现实价值是一种间接性的价值，主要是通过受教育者的劳动及其成果体现出来。最后，教师所付出的劳动与他所得到的报酬并不相等。在一定意义上说，教师的劳动是无法用工作量来计算报酬的。作为新时期的人民教师更应坚守高尚情操，发扬奉献精神，为祖国、为人民勤勤恳恳地培养跨世纪人才。

廉洁从教的根本在于保持廉洁自律。教师的职业是教书育人，其中育人是根本目的。作为一名教师，保持廉洁自律的高尚情操，是培养学生良好人格的根本条件，是做好教育工作所必需的。另外，保持廉洁自律，坚守高尚情操是廉洁从教的主观保证。

2. 抵制不良风气，保持教育公正

教师是社会主义精神文明的弘扬者和传播者，应当自觉抵制社会不良风气的影响。在教育教学工作中，凡是违反教育方针政策，违背法纪法规，违反教师职业道德，不利于学生身心健康成长的言行，都应该坚决抵制，不能麻木不仁，明哲保身；在教书育人的活动中，不为污浊庸俗的势力所动摇，不做违反道德原则和政策法纪的事情。应该看到，体制规范的失衡，也使社会某些方面出现了暂时的无序状态。新旧交替，泥沙俱下，一些不良现象沉渣泛起，社会不正之风愈演愈烈，教

师行业也出现了为师不廉的现象。

导致教师队伍出现不廉之风的原因，概括来说，主要有两个方面：

从客观因素来看，一是收入分配的不公。我国正处于社会主义初级阶段，经济发展很不平衡。在新旧体制交替时期，由于竞争机制和分配体制的不健全，使社会收入分配的差距拉大，特别是在经济比较落后的地区，有的学校连教师工资都不能正常发放。这种情况与教师劳动的社会价值很不相称，面对社会上纷纷出现的"大款大富"，许多教师的职业神圣感丧失，产生严重的心理不平衡。于是有的教师丧失了廉洁自律的精神，出现不廉行为。应当指出的是，虽然目前教师中的不廉者很多并不是出于生活困难，但从整体和长远上看，教师收入偏低在客观上不利于他们保持廉洁从教，会导致有的教师因经不起金钱物欲的诱惑而产生不廉行为。二是社会不正之风的浸染。在社会（或行业）体制、机制和道德观念失衡乏力的情况下，权钱交易，职钱交易，以权谋私，以职谋私等不良风气得以盛行，许多教师经常遇到各种有求于己并予以小恩小惠、甚至贿赂的人。久而久之，习以为常，为师不廉之风由此滋生蔓延。

从主观因素来看。一是人生价值观的错位。价值观是指人们对现实事物或现象的意义的认定，这种认定所依据的标准，就是价值准则。它是在长期的社会生活中的一种心理积淀，具有相对稳定性，并影响和制约人们的行为方式。二是道德品质败坏。这类人信奉"损人利己"，自己想得到的一定要得到，在光天化日之下不改自私贪婪的本性。当他们自私贪婪的欲望没有得到满足时，就会想尽办法加倍补偿这种"失落"，甚至采取非法的或强硬的手段满足一己之私。

3. 抵制不良风气，保证教育公正

教育公正是指在社会使每个人都公平地受教育的基础上，教师在教育活动中处理各种关系要符合公正的道德准则，公平合理地对待和评价学生及全体合作者。

教师公正是其立身之根,只有教师廉洁,才能保持公正,只有保持公正才能为教廉洁。

抵制不良风气,保持教育公正,要做到:第一,明确是非标准,增强辨别能力。有了是非标准,才能增强辨别是非的能力,才能抵制污浊之风,保证教育公平。第二,敢于抵制不良风气,恪守公正立场。第三,自觉培养公正之品行。

4. 自觉接受外在监督,增强廉洁从教意识

外在监督主要包括舆论监督、制度规范监督、体制监督、法纪监督等。从监督的操作主体来看,有组织监督和群众监督,要把从教行为置于组织和群众的监督之下。

在从教过程中处理各种关系要合乎原则性,让社会组织、家长、学生等直接参与,共同作出决定并承担责任。

八、为人师表

为人师表是教育活动对教师个人言行提出的一条重要的教师职业道德规范。为人师表的基本含义是:模范遵守社会公德,衣着整洁得体,语言规范健康,举止文明礼貌,严于律己,作风正派,以身作则,注意自省、自察、自纠。

(一)为人师表的意义

1. 为人师表对学生健康成长具有重要意义。教师在教育教学过程中,是知识的传播者、智慧的启迪者、道德的倡导者、行为的示范者。教师的世界观、人生观、道德品行以及对每一事物的态度,都这样或那样地影响着学生。教师所表露出来的对事物的感情和态度,产生着比语言更为巨大的感染力。教师良好的风度、仪表、情绪、气度、胸怀等,都是其观点与情感的最好注解,是对学生无言的教导。所以,教师必先正其身,然后才能为人师。为人师表是重要的教育力量,对学生成长具有重要的意义。

教师为人师表对学生健康成长的重要作用表现在启迪思想、增强智能、疏导情感、磨炼意志、行为示范等方面。教师高尚的道德能帮助学生提高道德认识,引导学生形成科学的道

德意识；教师积极的道德情感能引起学生情绪、情感上的共鸣，使学生形成丰富的道德情感和健康的情绪；教师坚毅的道德意志对学生具有巨大的激励作用，它能增强并鼓舞学生锻炼坚定的意志和顽强的毅力；教师高尚的道德行为，能指导学生选择正确的道德行为，培养学生良好的道德习惯。同时，教师为人师表还对学生的智能发展具有促进作用。

2. 为人师表对教学本身具有重要意义。教师之所以要为人师表，还与教师职业劳动的两种情况相联系。一是教师的职业劳动需要教师在学生中享有很高的威信。教师的威信是进行教育教学活动必不可少的条件。教师要树立威信，必然要为人师表，教师的威信越高，其教育教学的效果就越好。二是在教育教学活动中，教师自身的品德和行为是强有力的教育因素。也就是说，教师从事教育教学活动的重要工具和手段是自己的"灵魂"，特别是在教育正逐步迈向现代化的今天，教育的许多功能、手段都被先进的技术、设备、仪器所代替，对于教师来说，扮演好"人师"的角色，用自己崇高的道德品质、人格魅力去感染和影响学生至关重要。教育效果的好坏也反映了教师自己灵魂的健全、纯洁程度。

（二）为人师表的要求

为人师表，要求模范地遵守社会公德，衣着整洁得体，语言规范健康，举止文明礼貌，严于律己，作风正派，以身作则，注重身教。

1. 做高尚情操的垂范者

教师不仅要用自己丰富的学识教人，更要用自己的品格教人；不仅要通过语言传授知识，更要用自己的品格去"传授"品格，即以自己的良好德行和习惯去影响学生的心灵。作为人类灵魂工程师的教师，其灵魂必须纯洁，道德必须高尚。高尚的思想情操是一种教育、激励和感染学生奋发向上、锐意进取和开拓创新的力量和手段。加强教师思想情操的修养是教师为人师表的关键。

教师要做高尚情操的垂范者，首先要忠诚于人民的教育事业，具有为教育事业献身的精神。古往今来，凡是有作为的教师，都是矢志教育、献身教育，具有崇高教育理想的人。陶行知不为国民党当局许诺的教育部长的高官厚禄所动，终身安于"教师生涯"。徐特立先生终身"以教书为职业，以教育为事业"，为我们树立了不朽的师表风范。

其次，教师要具备高尚的道德素质。高尚的道德素质是教师重要的师表风范。强烈的事业心、责任感和敬业乐教、无私奉献的精神，诚实正直，言行一致，表里如一，胸怀磊落，公正廉洁，宽容谦虚，热忱和蔼，勤奋坚毅等都是教师应具备的良好的道德素质。在教育教学中，教师应爱生、敬业、乐群、克己。教师应不断加强自身的道德修养，做高尚情操的垂范者。

2. 做健全心理的表率

进入21世纪，心理健康已成为一个引人关注的社会问题。肩负着培养社会主义事业建设者和接班人责任的教师，必须具有良好的心理素质。有良好心理素质的教师，会凭借自己的语言、行为和情绪，潜移默化地感染学生，促进学生积极主动地投入学习。同时，心理健全的教师能善待学生的过错，宽容学生的无知，理解学生的心情，愉快地完成教育教学任务。目前，一些教师存在着心理不健康的现象，有的教师情绪波动大，工作热情和对学生的态度会随着自己的情绪变化而变动，有时遇到不顺心的事情，往往拿学生当出气筒。有的教师人际关系不和谐，性格上表现为自命清高、唯我独尊、主观和多疑等弱点。还有的教师由于社会竞争激烈、工作紧张、社会压力大、生活不如意或心理认知产生偏差等原因，产生程度不同的心理问题，进而不同程度地影响了教育教学工作。

因此，教师应该认识到，健康的心理不仅是自身的需要，而且是完成教育教学工作的先决条件。教师应该主动调节自己的心理，以良好的心态对待教育教学工作。

3. 做身体力行的践行者

身教胜于言教。教师应坚持以身作则，注重身教，做身体力行的践行者。教师做身体力行的践行者，主要表现在教师外在言行举止的文明性与职业工作的熟练性和进取性上。

(1) 外在言行举止的文明性

教师外在言行举止的文明性，主要表现在教师的言表风纪上。包括语言、仪表、风度、法纪等方面的丰富内容。教师要出色地完成教书育人工作，必须使自己的言表风纪符合社会主义的道德要求，做到语言规范精练、生动优美、文明洁净，衣着朴实整洁，举止文明得体；态度和蔼可亲，行为稳重端庄，文化知识渊博；自觉遵守社会主义纪律，模范执行国家的政策法令；不断提高自己的言表风纪素养，真正做到为人师表，成为学生的表率和榜样。

第一，教师的语言要求。教师语言品质的优劣、口头表达能力的强弱，直接影响到教师作用的发挥，制约着学生的语言和思维的健康发展，这就要求每位教师必须加强语言修养，锤炼教学语言，提高语言表达艺术。

① 语言要规范。一是教师的语言必须符合普通话的要求。二是教师专业授课必须尽量使用专业术语。

② 语言要精练。教师应以最简洁的语言表达最丰富的内容，做到言简意赅。使学生能迅速捕捉到内容的核心和突破点，帮助学生在繁杂的知识结构中，总结出知识的主干部分，把握关键性内容。

③ 语言要准确。即能准确地表达教学内容，清晰地传达教育要求。不能含混不清，模棱两可，似是而非，互相矛盾。

④ 语言要生动。一是指教师的语言要有美感，做到音调抑扬顿挫，富有节奏感和鼓动性，音色甜润优美，话语流畅自然，速度快慢适中，能增强学生的注意力，减少学生的疲劳感，使学生时刻处于最佳思维状态。二是指教师的语言要能够把抽象的概念具体化，把深奥的道理形象化。三是指教师的语言应有感人的力量，热情、诚恳，富于激励性，做到"情动于中而溢于言"。

⑤ 语言要纯洁。即教师的语言要文明洁净，切忌讲大话、空话、假话，严禁污言秽语。

第二，教师的仪表要求。教师的仪表最直接地反映了教师的道德面貌和审美情趣，对学生具有重要的道德意义和审美价值。良好的仪表，能获得学生的认同和敬重，反之，则会影响师生间应有的亲和力，进而影响教育教学效果。

① 教师的仪容。一要注重视觉形象塑造，不能蓬头垢面，浓妆艳抹，发式奇异，精神萎靡，愁眉苦脸等。二要注重味觉形象塑造，如口腔卫生，不带烟味、蒜味等。

② 教师的服饰。要符合民族特点、年龄特点、个性特点、职业特点、道德要求和审美标准。一要做到衣着整齐清洁、饰物典雅大方，不应衣冠不整，不修边幅。二是要美观大方，素朴典雅，不要奇特古怪，艳丽花哨。

③ 教师的举止。教师待人接物，应做到谦虚礼貌、不卑不亢、稳重端庄、落落大方，让自己的举止体现出良好的道德文化修养，表现出文明礼貌的要求。和学生交谈时，应热情而有分寸，亲切而有礼节，表现出庄重而随和的品质。

④ 教态高雅洒脱。教态是无声的语言，表情要自然丰富，站姿要端庄有活力，手势要简洁适度。

第三，教师的风度要求。风度是人的精神、气质的综合性的外在表现。风度离不开一定的外在表现，也离不开特定的精神内涵。教师的风度体现了内在美与外在美的统一。教师的风度应该是：朴实整洁而不呆板，稳重端庄而不矫饰，活泼开朗而不轻浮，热情大方而不做作，善良和蔼而不怯懦，谦逊文雅而不庸俗。具体要求为：

① 教师要稳重。教师应该在教学活动中控制自己的情绪，约束自己的行为，庄重稳当，端庄有方，喜怒哀乐皆有分寸，使学生觉得你是一个可以信赖、值得尊敬的师长。

② 教师要可亲。教师对学生要表现出师长的爱抚和关切，目光要充满热情和希望，表情要慈祥而温和，态度要诚恳，情绪要稳定，能够给学生一种和蔼可亲的感觉。

③ 教师要有学识。教师作为知识的传播者，自己首先应是一个知识渊博的人，有比较合理的知识结构。其知识结构应有

三个特征。一是广泛、深厚的文化科学基础知识；二是扎实、系统、精深的专业学科知识；三是全面、准确的教育科学知识和心理学知识。

第四，教师的法纪要求。模范地执行党和国家的政策法令，具备良好的法纪风貌，是人民教师言传身教培养人才的重要保证和道德要求。因此教师应带头遵守学校纪律和规章制度，遵守集体纪律和生活准则。在模范地执行国家的法律法规基础上，严格规范和约束自己的思想和行为，以国家的法律、法规政策和规定对学生进行教育。

综上所述，教师的言表风纪包含有丰富的内容，是内在美的外部表现和行为文明的一部分。教师的这种"身教"作用，恰似丝丝春雨，会"随风潜入夜，润物细无声。"

（2）职业工作的熟练性和进取性

职业工作的纯熟性和进取性，是教师应有的师表风范。教师工作的纯熟性源于教师积极进取、勤奋敬业的精神。首先，教师要成为追求真才实学的榜样。教师不能满足于现有的业务水平，要坚持继续学习，坚持终身受教育。其次，要解放思想，开拓进取。教师既要善于继承、汲取以往教育思想中的精华又要善于发扬不断探索、勇于实践、不怕挫折、勇往直前的进取精神。要不断地改革创新，转变教育观念，探索教育教学规律，改进教育教学方法，使自己成为精通业务的专家。教师职业工作的熟练性和进取性，主要表现在师才、师能两方面。在师才方面，教师要具有渊博的知识，学而不厌，勇于创新，刻苦学习，追求真理，专博相济，深广结合，钻研业务，认真施教，以扎实的专业知识和现代教育思想搞好素质教育。在师能方面，教师要具有娴熟的职业技能，懂得教育规律，掌握现代教育的内容、方法和技术，讲究教学艺术，把握教育分寸，提高教育质量。只有这样，教师才能熟练地进行教育教学工作。

人们把教师誉为不辞劳苦、辛勤耕耘的"园丁"，不仅是对教师教书育人丰硕成果的赞许，更是对教师为人师表高尚教师职业道德的肯定。

第四章

新时期我国教师职业道德及其修养

第一节 新时期教师职业的特点和内涵

一、新时期教师职业的特点

1. 铁饭碗的打破

如果说，教师有过"只要进校园，不愁没饭吃"的历史，那么今天就没有"风吹雨打不动摇"的稳定性了。改革的深入发展，关系到每个领域的每个从业者，教师自然也不例外，自我封闭的牢固和自我感觉良好的稳定已不复存在。一些地区让一些不能胜任的教师转岗或下岗，是向教育阵地这座"堡垒"的有力冲击，动摇了一些教师"皇帝女儿不愁嫁"的旧观念，越来越多的教师意识到自己工作的危机感。铁饭碗随时都有被打破的可能，这是广大教师清醒的共识。

2. 从优越感到危机感

铁饭碗的打破必然意味着教师职业优越感出现危机。由于教师中的一些人长期保持着一种优越感，工作马虎，不思进取，做一天和尚撞一天钟，导致一些学校人浮于事，办学效率低，地方领导和群众颇有意见。尽管不少地方干部、工人纷纷转行、下岗，但教育部门依旧按兵不动，教师薪水按时发放，没有吃穿之忧。这虽然体现一些地方"再穷不能穷教育，再苦不能苦孩子"的远见，殊不知，当改革的东风劲吹教育这方热土之时，也就是危机降临之日，一些教师下岗待业势所必然。故而，优越感的暂时性就是教师职业的应有诠解了。

3. 从封闭到开放

从我国教师聘任制度和评审制度的改革来看，出现了从封闭逐步走向开放的迹象。有的地区对教师的职称评定和聘用采取了一些新举措，如申报个人，不问你是否毕业于师范院校，只要你认为自己能胜任教师这一职业就可以申请做教师；评审由社会，一个教师是否称职，不是学校说了算，而是由社会来评审。江苏海门市一所学校开展的"千名家长评教师"活动，从教师职业道德、教育教学两方面，请家长品评教师的好、中、差，这是走向开放的一条好途径；聘任在学校，学校根据申报者的品德、专业能力诸方面，决定是否聘任其从事教师这个职业。可见，开放性、社会性的聘任制度，给每一位教师敲响了警钟。

4. 诸种观念的滞后性

包括教育观、质量观、人才观以及服务观等，一些教师还不能适应新形势。谈及教育，只注重文化知识传播，甚至认为越全越深越好，于是"只见树木，不见森林"；只重智育，轻视其他。谈及质量，把学生的文化成绩、学校的升学率看得重之又重，排成绩名次、定升学指标，自以为深谙质量之精髓。谈及人才，相当一部分业内人士把成绩好的学生看成是人才，其片面狭隘之谬尚不自觉。这种观念的褊狭，必然导致服务观的倾斜，学习尖子成了教师的掌上明珠，只盼"一枝独秀"，不思"百花齐放"。

5. 教师素质的滞后性

这主要指的是教师的敬业精神和业务水准及适应素质教育

需求的程度。一位专家一针见血地指出：不可否认时下的教师素质比之这样的要求有些距离。这不是吹毛求疵或危言耸听，纵观今日教师之现状，深感敬业精神之令人忧虑。靠"一根教鞭治天下"者有之；搞第二职业，投身商海，做有偿家教者有之；人到心未到，出勤不出心者亦有之。凡此种种，无须一一列举。可见一些教师敬业精神的严重缺失。再者是一些教师业务水准的滞后。因为新形势对教师的业务水准提出了更高更全面的要求，我们有相当一部分教师尚未意识到自己已经落伍了。不少人只有单一的专业知识，而缺乏组织学生搞素质教育的其他相关素质。

二、新时期教师职业道德的内涵[①]

在经济全球化、信息网络化、文化多元化、教育现代化的今天，人们的思想和道德观念都发生了深刻的变化。受市场经济中一些负面因素的影响，拜金主义、享乐主义的不良倾向，正严重影响着教师职业劳动的敬业意识，少数教师的职业道德出现了下滑趋势。如：职业理想和信念动摇，职业情感淡漠，职业行为失范，不能正确处理"个人发展"和"工作利益"的关系、"精力投入"与"利益回报"的关系、"教书"与"育人"的关系等，出现了所谓"人生理想趋向实际、价值标准注重实用、个人幸福追求实在、行为选择偏重实惠"的倾向，使当前教师的职业道德结构出现了严重缺失。因此，加强教师职业道德建设就显得十分迫切和重要，这既是时代的要求，也是教师专业化的必然选择。

现代教育和社会的发展要求今天的教师努力构建具有时代特点的先进的道德意识、道德观念和道德内容。

1. 构建科学的职业理想

教师对职业理想的追求是成就事业的力量源泉。职业理想

---

① 转引自侯贵宝．新时期教师职业道德的内涵与重建．教育与职业．2005 (11)

是通过个人职业活动的行为方式来体现的。在教育实践中教师的表现和行为可能有很大不同,这在很大程度上源于各自的职业理想和追求不同。正确的职业理想构成应该包括:

(1) 师品,德高为师。教师的工作是神圣的,也是艰苦的,教书育人需要感情、时间、精力,乃至全部心血的付出,这种付出是要以强烈的使命感为基础的。教师必须具有为中华民族崛起而奋斗的坚定信念和为祖国培养现代化人才的责任感和使命感,要忠诚教育事业,爱岗敬业,尽职尽责;坚守高尚情操,廉洁从教,精于教书,勤于育人;发扬奉献精神,不断探索,勇于进取,为教育事业的改革和发展贡献聪明才智。

(2) 师知,学高为师。要培养高水平的学生,要求教师学识渊博,学业精深,在知识结构领域要达到:一是要有深厚的专业知识和广博的相关领域知识,并不断更新知识体系,及时吸收学科前沿知识与研究成果,具备综合理解跨学科、跨专业知识的能力,此为本体性知识。二是有效实现知识"传授"的诸如教育学、心理学、教材教法等条件性知识。三是实践性知识。实践性知识更多地来自教师的教学实践,是教师教学经验的积累。虽然本体性知识和条件性知识是教师必备的"双专业性"知识,然而这两种专业知识的简单叠加并不能形成教师的专业化素质,也不能带来教师专业化素质的提高与发展。这两种专业知识还必须通过实践性知识来进行整合,才能内化为教师自己的专业素质。

(3) 师能,技高为师。一是要有科学的施教知识,能把教育理论的最新研究成果引入教学过程,使教育教学的科学性和艺术性高度完整地统一起来。二是熟练掌握现代教育技术的操作和应用,能够利用现代教育技术,恰当有效地选择教学方法和方式,直观形象地展示教学内容,使知识传授与创新思维培养相结合,培养学生的创新精神和创新能力。三要有创新精神,积极开展教育行动研究,探索新的科学的教育方法、模式,在研究中拓宽视野,在教学过程中提升技能。

(4) 师表,身正为师。教师作为影响人发展的特殊职业,其人格品质要求较高。应光明磊落，无私奉献，其人格、品德、情操应使学生钦佩敬仰，以其为典范，学之师之，使学生的思想、行为、品德，在楷模和榜样的潜移默化的影响中受到陶冶。因此，要执教则必须"为人师表"，因而必须模范地遵守社会公德，严于律己，作风正派，时时处处事事严格要求自己，并要坦诚接受学生、社会与自我的监督、评价。

2. 树立正确的教育理念

传统的教育观念认为，教师是知识的传授者，学生只有被动地接受。这一教育理念与现代的教育思想极不相称。教师要具有服务意识，树立"一切为了学生，为了学生的一切，为了一切的学生"的观念。主要应做到：

（1）转变三个观念：一是要转变教师观，教师要由知识的传授者转变为学生学习的指导者、促进者；二是要转变学生观，教师要树立学生主体观，尊重学生的人格，尊重学生的观点，承认学生的个体差异，相信学生都存在发展的潜能，积极创造和提供满足不同学生学习成长的条件。教师要树立科学的发展观，将学生的发展作为教学活动的出发点与归宿，要关注学生的情感体验，关注学生的学习兴趣等非智力因素。三是要转变教学观，教学过程要由传授和记忆知识的过程转变为学生发现、加工信息、研究问题、增长知识的过程。为此，教师要不断提高对信息技术的运用能力，促进信息技术与教学内容的整合，改变教学内容的呈现方式和师生互动方式，从根本上有效地促进学生学习方式的转变。

（2）建立新型的师生关系，学会关心、热爱自己的学生。要积极构建一种民主、平等、互动、合作型师生关系，在与学生交往互动、合作交流中及在与学生心灵碰撞、情感交融中健全学生人格、完善学生个性，促进师生共同发展。

3. 完善合理的教师职业道德内容

与其他职业相比，教师职业的劳动是培养人的劳动，教师把自身的各种特性作为手段去影响和感染劳动对象，从而使受教育者的身心发生预期的变化。这个特点决定了教师的职业道德有着其他职业所不具有的或是更高的职业道德准则和规范。

（1）热爱学生和为学生服务的职业意识。教师的劳动对象是学生，劳动目的是为了把学生培养成为德才兼备的符合社会需要的人才。因此，热爱学生、一切为了学生，这是衡量教师职业道德的重要尺度和首要要求，也是新课程改革对教师的重要要求。只有热爱学生，服务于学生，一切为了学生，才能全心全意地投入到教育工作中去，认真履行教书育人的职责，才能赢得学生对教师的尊重，形成和谐的师生关系，从而激发学生的学习热情和学习兴趣。

（2）爱岗敬业的职业规范。俄国著名教育家乌申斯基说："教师是克服人类无知和恶习的大机构中一个活跃而积极的成员，是过去和历史上所有高尚而伟大的人物跟新一代之间的中介人，是那争取真理和幸福的人的神圣的遗训的保存人，是过去和未来之间的一个活的环节。"教师崇高的职业在社会中的重要作用决定了教师必须热爱自己的职业岗位，必须把它与祖国和人民的教育事业，同中华民族的伟大复兴，同社会主义现代化的宏伟事业和塑造社会主义事业的建设者，接班人的重大工程紧密地联系在一起。敬业就是要求广大教师要按《教育法》、《教师法》的要求，认真履行人民教师应尽的职责。这种职责出自于对国家、民族和社会未来的一种深沉的使命感，表现为对每一个学生的高度责任心。

（3）严谨治学、学而不厌、诲人不倦的职业品质。严谨治学、学而不厌、诲人不倦的职业品质是教师职业特有的要求。教育者只有严谨治学，学而不厌、诲人不倦，才可以为人师。在当今世界经济迅速膨胀，新的科学技术潮流此起彼伏和知识大爆炸的时代，作为传道、授业、解惑的教师，必须源源不断地补充新知识，用新的科学知识和新科技武装自己，提供更好的教育。诲人不倦要求教师有爱护学生之心，报效祖国之情。要为了祖国的明天，对学生循循善诱，诲人不倦地忘我工作。

（4）言传身教、教书育人、为人师表、德才兼备的道德风范。教师劳动的最大特点是培养和塑造人。教师工作的本质是以其自身的实践行为及所体现的人格影响学生。从这个意义上说，教师的全部工作就是教书育人、为人师表。学生具有天然的"向师性"，教师是学生最直接的模仿对象。教师的一言一行、一举一动都自觉不自觉地影响着每一个学生，对学生的成长有着重要的影响。因此，作为教师要清醒地认识到在教育教学过程中言传身教、教书育人、为人师表的重要性，要在教会学生科学文化知识的同时，注意培养学生健全的人格、健康的心理，教学生学会做人。做到非礼勿视，非礼勿听，非礼勿言，非礼勿行，这样才能成为值得学生学习的、德才兼备的人格楷模。

（5）追求"慎独"、"正身"的职业道德境界。大教育家苏霍姆林斯基曾指出，教育者的崇高的道德品质是教育获得成功的最重要的前提。教师只有以自己的纯洁灵魂、高尚品格去影响学生的心灵，才能培养出具有优良道德品质的新一代。教师的道德修养、人格完善，比其他职业的人显得更为重要。原因在于教育是健全人格的事业，教师的劳动自始至终表现为人与人之间相互影响的过程，教师应不断地加强自身的道德修养。广大教师只有通过不断地学习和努力，注意加强自我道德修养，方能达到理想的职业道德境界。

第二节　新时期教师职业道德的实施难点

一、当前部分教师在职业道德方面存在的几个问题

1. 以权谋私型

有的老师热衷于结交有权势的学生家长，并从中牟取好处，而作为回报，他们会特别优待这些学生，如在座位的安排、考试成绩等方面偏袒这些学生，从而造成了极坏的影响。有些老师利用职权之便，向学生推荐一些参考书辅导书，而这些书全是粗制滥造的，并没有对学生掌握知识产生多大的影

响，相反，还让学生不知所措。校园是学生学习和成长的地方，不是小卖部，不是批发店，也不是废品回收站。而很多家长也不敢得罪一些老师，因为老师也有招，你得罪他，以后他就冷落你的孩子，如果皇帝（老师）冷落某个臣民（学生）的话，其他的大臣（学生们）也会积极响应头儿的号召，所以你的孩子就混不下去，这是很可怕的事情。世态炎凉，人间冷暖在一些老师的百般指挥下赤裸裸地展现了出来。

2. 恶劣体罚型

这类老师简直就是野蛮的化身，对待学生采取的是粗暴管理方式，学生在他们面前只有逆来顺受的份儿，只要稍稍对他们提出一些看法，就要遭到打击。而这些人往往在培养学生的幌子下行事，体罚的场所也分为几种：一是教室，主要为了杀鸡给猴看。二是操场，主要为了让学生在人多的地方出丑。三是办公室，主要为了用更厉害的手段。

3. 胡搞型

不少老师为了升迁晋级分房子等，在造假的泥潭中越陷越深。一部分是觉得自己文凭不够档次，开始考虑假文凭问题，他们会选择造假，或者参加函授班，混个毕业证，而他们在教育学生时却说得冠冕堂皇。另一部分则是用假课来应付专家审核，事先把这一切都演练好了，上课时就能轻车熟路，因为讲的课文已讲过很多遍，提问的学生虽然是按点名册点的，但他们都是班里的尖子，记忆力又很好，所以回答的也全是标准答案，由此博得专家的频频点头。除此之外，还有其他形式，很突出的问题就是打扫卫生。老师平时不对教室卫生有什么要求，一旦上面来检查，校长就会把任务分给老师，老师自己也是只动口不动手，把事情安排给学生。所以每每遇到这类事情，都是学生们遭罪。校长和老师陪着领导欣赏清爽的校园时，又怎能体会到学生的无辜呢？当送礼之风在中国越演越烈时，一些老师也按捺不住了，他们也对校领导展开了送礼攻势，甚至用打小报告的方式向上面献媚表决心。

4. 成绩歧视型

这类老师对学习好的和学习不好的学生分开对待。对学习好的，他可以容忍学生调皮捣蛋，即便那些学生上课打盹，在这些老师看来，那也是昨夜用功过度造成的。反之，对于差生，就会用恶毒的言语来贬低羞辱，说他们笨得像猪一样，什么都不懂，太无能，没救了，这辈子快完了，滚吧等等。那些学生年纪轻轻的，在这样的环境下成长，只会越来越没信心。要知道正面引导远比不负责任的贬低有效的多。学习好的同学有很多好处，比如上课经常被提问，老师对他们比较放松，在座位的安排上得到照顾，等等。再概括一些说，老师对学习好的同学是皱纹完全舒展的。而学习差的同学，则没有这个好运了。外人很难体会到这些差生的苦楚，一种被人踩躏尊严的苦楚。可这些现实的问题依然存在着，因为总有一些老师自以为是XX师范学院毕业的，什么都懂，没有他不懂的，就是在这种盲目的乐观下为所欲为，终究没有认识到自身的问题。学校教育的高明与否，体现在老师与学生交流的过程中能否充分调动学生的主观积极性和潜能，从而让他们在学到知识的同时掌握学习知识的方法。任何一个学生都不会单纯在社会扮演固定的角色，他也会踏上社会开始新的历程，而知识并非固定不变的，它也在不断更新，所以每个人都要活到老学到老。再看看那些老师，不是觉得自己名牌大学毕业很了不起，就是摆老资格认为教了很多年的书了不起。其实学习是相互的，学生也有值得你学的地方。

5. 擅自经商型

这类老师觉得自己的收入不高，觉得老师清贫，觉得自己的待遇不高，有些则干脆辞职了事。而那些没辞职的，心也很痒痒了。看到别人都在商海挣大钱，而自己却每天以教书为生，内心平添出很多不平衡来，上起课来也是无精打采的，教学质量自然得不到保障。有些则担心商海风险大，为了给自己留条后路，所以就在私下里作些小生意，改善改善生活。做事情最怕分神，教书也是如此。如果教师在课堂上还想着今天的生意，那是无论如何也教不好学生的。老师的家庭生活问题和个人情绪等，不应该带到课堂上来，因为这影响的不是某个人，而是全班的学生。不解决这个问题，大谈育人是毫无意义的。

6. 思想守旧型

这类老师思想比较守旧，没有创新精神。喜欢"填鸭"式教学，不管你愿意不愿意接受，也不管你的实际情况如何，他总是让你去消化那些没用的思想。他们不去学习新的东西，只教一些过时的陈旧的东西。

7. 需喊报告型

所谓喊报告就是学生因为种种原因来晚了，教师出于所谓的组织性、纪律性的考虑，要求学生喊"报告"，经老师批评才可以进教室听课。实际上这没有任何意义。理由如下：①迟到学生喊报告的时候，在上课时间，大家都在听课，一喊报告就会打断进度，影响学生的心情。不如直接让学生默默进去。②迟到的同学有些是有急事才去晚的，并非故意迟到，他迟到时就已经很沮丧了，再让他喊报告，他只会更沮丧。③有些老师心肠坏，他已经看到学生站在门口了，也听到报告声了，故意装聋作哑，这就是变相的惩罚。有些学生就这样，在门口站了一节课，什么也没学到，还不敢私自走。这种喊报告的规定必须取消！

8. 大惊小怪型

这类老师不是管得太宽，就是方法错误。他们很留心班里的同学，特别是男女同学的交往，稍稍发现一些苗头就大惊小怪起来，生怕这样以来所有的男女同学都会效仿。他们粗暴地干涉了男女同学的正常交往，并因此而恐慌，开始"负责任"地给学生家长打电话，并添油加醋，把原本简单的问题复杂化。

9. 私拆信件型

这类老师在现在的校园中特别常见，他们明明知道这是非法的，可还是乐此不疲。有些老师认为学生的行为太不像话了，自己是为他们好。可是私拆信件是侵犯学生权利的行为，高明的老师应该用合法而又合情合理的方式来处理这种事情。

二、新时期教师职业道德的实施难点

1. 爱你不喜欢的孩子

假设有一个学生,上课不专心听讲,经常违反纪律,总是不完成家庭作业,而且不懂礼貌。这一切,当然不会使教师高兴,这些事情本身也不可能使教师对这个学生产生好感。爱一个好学生容易,但爱一个你认为不好的学生很难。

怎样做到爱你不喜欢的孩子呢?

(1) 要特别尊重他们的人格,呵护他们的自尊心。后进学生,或者问题学生都存在严重的心理问题。他们天天生活在屈辱、悲观和不服气、逆反的矛盾之中。这时,他们最需要理解和同情。不要以为这样的学生"不可救药""没有廉耻之心"。对他尊重一点,就能唤回他的一点良知。当然,对于一些问题学生来说,这个过程很漫长。一位老师讲,他的班里有个特别淘气的孩子。一天,该老师看见他违反规定在走廊里拍球,在走过他身边的时候,老师没有责怪他,反而说:"你爱篮球,好哇!"于是,学生开始和他接近,开始爱听他讲课。以后,学生逐渐变化了。学生家长还到学校找老师,专门感谢老师夸奖学生的那句话。这位老师总结说,任何时候都不要对学生表现出反感、藐视的情绪,否则,想转变他是不可能的。

(2) 要主动接近学生,读懂他们,和他们交朋友。教师要多与学生接触,去了解学生,特别是学生生病或遇到困难时,教师应像慈母那样去关心、帮助他们。对于性格内向的学生,不可用过于严厉的方式批评他们;而对于个性倔强、软硬不吃的学生,需要有耐心,要长期用真情去感化他们。教师要以身示范,爱岗敬业,把学生看作自己的儿女。

(3) 要善于发现学生的闪光点。"闪光点"即优点、长处。任何一个学生都有自己的优点、长处,"问题生"也不例外。教师要善于发现学生的闪光点,千方百计让学生的闪光点有用武之地,使学生的自尊心、上进心得到承认和强化,从而激起他们学习的斗志,鼓足前进的勇气。只要细心观察,最终都会淘尽黄沙始到金。

对这些问题学生，如果教师真正了解他们，很可能就会发现，原来他们都有着一副爱钻研的头脑，一颗体贴和同情别人的好心肠，以及一种异乎寻常的积极性。这就像我们面前有一块土地，土质不好，而且掺着碎石子，它既不会叫人看了高兴，也没有希望提供最起码的收成。可是来了一批地质工作者，进行了一番勘探，结果在地下深处发现了巨大的宝藏。

（4）严爱相济，教育为主。教师不能一味地慈爱，时间长了，学生会感到老师软弱无能，管理不严，以致失去自我约束，甚至行动随便，纪律涣散。所以，爱是有条件、有限制的，发现学生有缺点，应及时指出，并给予其改正错误的方法及机会。对学生表现出的不良习惯应及时纠正，不能迁就，更不能放任自流。教师不能和学生"斗气"，更不能歧视他们。初中学生身心的健康成长也需要教师严爱相济，教书育人。

了解学生，了解他们的爱好和才能、他们的精神世界以及他们的欢乐和忧愁，这一点非常重要。如果在教师的眼里，学生只是一个容器，可以把一定的知识和技巧灌到里面去，那么，这不但不会促进他们对学生的爱，反而会把在从教之前仅有的平常人对儿童的喜爱之情也抵消了。

2. 让学生自主发展

在人类进入信息时代的新世纪，人们将面临知识不断更新，工种频繁更换的考验，学习将成为贯穿人一生的事情。教师不仅要关注学生素质的完善以及个性的健康发展，更要让学生愿意学习，学会学习，掌握学习的方法、技能和对此应持有的态度，能够积极主动地学习。

"自主发展"的内涵是：学生具有较强的学习主体意识，有较高的成就动机；热爱学习，求知欲强，能发挥主观能动性，积极参与教学活动；学会学习，有较强的自学能力和良好的学习习惯，能主动地规划自己的学习任务和发展方向，并能通过自我评价不断掌握学习策略；有较强的选择、评价搜集信息和搜集问题的能力，实现素质的全面提高。

教师如何促进学生自主发展呢？

为了促进学生的"自主发展"，使学生具有较高的成就动机、浓厚的学习兴趣、顽强的学习意志、良好的自我意识等心理品质和较强的自学能力、探究与创造能力、实践能力、评价能力等"可持续发展"的心理能力，教师应该做到：

（1）激活学生的非智力因素。非智力因素是动机、兴趣、情感、意志、性格等心理特征的总称。如果说，智力因素是人们认识客观事物的工作系统，那么非智力因素就是人们认识客观事物的动力系统。

（2）让学生明确学习的重要价值。正确运用肯定和奖励的评价方法，让学生发现自己学习上的进步，不断获得学习期待的满足。采取适当的竞争方法，适度的竞争有助于激发学习热情，建立互尊互爱、民主平等的师生关系。学校是满足学生需要的最主要的场所，学生到学校里学习和生活，主要的需要之一便是自尊和归属感。

（3）指导学生学会学习。学习是学习主体的信息加工过程。学习越来越应当成为学习者主动和学习者推动的过程。根据这一新的教学理念，教学过程应当注重学生自学，在自学、讨论的基础上达到知识的掌握。这种能动式学习不但使学习过程更有效，而且使学习者本身主动而自信。

（4）指导学生学会自我评价。注重培养学生的质疑能力和批判思维能力，鼓励学生大胆质疑，培养学生发现问题解决问题的能力，并以学生的问题作为教学的出发点。引导学生对教学内容进行评议，可以从教学内容的正确性、推理的逻辑性、结论的合理性、语言表达的严密性等方面对教材以及教师的讲课进行分析、评议。

（5）开展研究性学习。研究性学习是一种新的学习方法，它对提高学生的学习兴趣，激发学生的创造性思维，进而形成一种探究未知世界的积极态度具有重要的作用。研究性学习的实质就是通过主动地参与获得知识的过程，掌握认识和实践的各种能力。它不以取得现成的结论为满足，而是在不断地研究中逐步掌握研究问题的科学方法和积极的态度。

实现教师角色转变是实现上述目标的根本保证。教师角色的最大转变是由知识的传授者转向学习的参与者、促进者和指导者。传统意义上的教师教与学生学，将不断让位于师生互教互学，彼此将形成一个真正的"学习共同体"。

教师不仅要参与到学生的学习活动中，而且要成为学生学习的促进者。学习活动是学生自主的活动，教师应给学生心理上的支持，创造良好的学习氛围，采用多种适当的方式，给学生以心理上的支持和精神上的鼓励，使学生的思维更加活跃，情绪更加高涨。教师是学生学习的指导者，教师应帮助学生制定适当的学习目标，并确认和协调达到目标的最佳途径；指导学生形成良好的学习习惯，掌握学习策略；创设丰富的教学环境，激发学生的学习动机，培养学生的学习兴趣；为学生提供各种便利，为学生的学习服务；创造一种接纳性的、支持性的、宽容的课堂气氛。

3. 甘于清贫，无私奉献

坚守高尚情操，发扬奉献精神，不利用职责之便牟取私利，这是教师职业道德的明确要求。教师是人类文化的传承者，而不是重利的商人，其本职工作是教书育人，教师应该是甘于清贫和淡泊的。

无私奉献精神的实质是把国家和人民利益放在首位，全心全意为满足社会需要贡献自己的力量，而不是指从事任何劳动都不要报酬。在这里，"无私"与"无酬"是两个不同的概念，"无私"指的是没有自私自利之心，"无酬"则是指没有任何报酬。道德高尚的人可以做到不带任何自私自利之心地进行工作，但无法做到任何工作都不要报酬。因为在社会主义社会中劳动仍然是一种谋生的手段。如果把无私奉献精神理解成从事任何劳动都不要报酬，那么，具有无私奉献精神的人就根本无法生活了，这实际上就等于从根本上否定了无私奉献精神存在的理由和价值。大量事实表明，越是认真贯彻按劳分配原则，使劳动贡献大的人能得到相应较高的报酬，就越有利于鼓励人们发扬无私奉献精神，积极努力地做好本职工作。

为什么提倡教师甘于清贫、无私奉献呢？这是因为，任何具体的道德准则，都有自己特定的对象和适用范围。商业道德的基本原则是等价交换，但是师生关系不是经济关系，而是一种高尚的育人关系。如果一个人在任何事情上都讲等价交换，对个人得失斤斤计较，他就无法完成培养具有高尚品德的新一代接班人的历史使命。

在市场经济的大环境下，发扬无私奉献的道德风尚是不容易的，这确实需要教师甘于淡泊、不计名利。要做到这一点，主要的就是在师生关系中抵制商品交换原则。而时下乱补课、滥发教辅图书、乱收费等违反职业道德的行为都是被"利"字挡住了双眼。

4. 警惕师生关系疏离

(1) 日见疏离的师生关系

师生关系是教育过程中人与人的最基本的关系。师生关系的基本内涵是教育民主，尊师爱生，教学相长。良好的师生关系是教育目标得以顺利实现的根本保证。

师生关系对人的终身成长具有深刻的影响。一个人在回忆自己的人生道路时一般都会提及恩师对自己的影响。

建立新型的师生关系既是新课程实施与教学改革的前提和条件，又是新课程实施与教学改革的内容和任务。师生关系包括师生伦理关系和师生情感关系。

民主平等是现代师生伦理关系的核心要求。首要的是教师要尊重学生的独立人格，尊重学生作为"人"的价值。学生虽然是未成年人，但每个学生都有自己的权利和尊严。尊重学生要求接纳学生的个性和特点，宽容学生的缺点和不足，为学生的自主发展创设足够的空间，等待学生的进步和发展。

教师要提高法制意识，明确师生的权利义务关系。同时，也要加强配套的教育法规制度建设，使师生之间的权利义务关系更加明晰，切实保护学生的合法权利。

加强教师职业道德建设，纯化师生关系。师生关系是一种教育关系，即一种具有道德纯洁性的特殊社会关系。我们教师应加强自身修养，提高抵御不良社会风气侵蚀的能力，同时，也要更新管理观念，树立以人为本的管理思想，从而为师生关系的纯化创造有利的教育环境。

良好的师生情感关系是师生在教育过程中通过互动交往而建立起来的情感关系。它是一种共同发展中的心灵碰撞，是目标一致的合作与成果分享的愉悦，是师生互相关爱的结果。

当前，在师生关系方面存在的主要问题是：师生之间的权利义务关系比较混乱，学生权利经常得不到应有的保护。侵犯学生的个人权利，特别是侵犯学生人身权以及受教育权的违法现象还比较普遍，有的还十分严重。体罚学生的情况屡禁不止。师生伦理关系、情感关系的深层次问题还有：教学中忽视学生的主体地位，学校、教师包办代替，不重视学生个性特长和发展，在评价、班级管理等过程中侵害学生人身权益，忽视学生的情感体验，无限制地加重学生心理负担和学习负担。更为世人关注的是，经济领域的价值规律被移植到师生的伦理关系之中，世俗的请客送礼、行贿索贿的腐朽现象也在教育行业不断发生着，且愈演愈烈。

不可否认，原本世上最纯洁、最高尚的师生关系正在疏离。

(2) 师生关系疏离的原因

第一，体罚学生。

据媒体报道，体罚学生成为社会舆论的热点。各地披露的教师体罚学生的事件屡见报端，且千奇百怪。

比如，2004年4月，贵州省那雍县张家湾镇蜂岩小学一年级班主任、语文老师陈×在给学生讲授《红领巾》课文时，第四组学生不能顺利朗读。一气之下，该教师将第一组9名学生叫上讲台，逐个把学生的裤子脱下来露出屁股，强迫第四组6名学生（3男3女）去舔他们的屁股，让这些学生"舔股思过"。

"学生上课睡觉，老师走过来用笔尖往其脑门上连扎二三十下！"郑州市中原区须水镇铁炉小学一位老师这样体罚他的学生。

只因为几道数学题没有按时做完,华阴市太华办南营小学22岁的女教师竟让班上十多名学生每人打"不听话"的学生四记耳光。10岁小学生飞飞(化名)共挨了班上同学50多记耳光。

以上只是从网上搜索到的教师体罚学生的无数案例中的几个。由此看来,"不许体罚或变相体罚学生",这条由法律(教育法)和教师职业道德规范明文规定的内容,教师们都没有很好地贯彻执行。体罚是目前教育中存在的主要问题之一,也是社会反应最强烈的问题之一。

体罚带来的恶果不言而喻。首先,体罚的直接后果就是给学生造成身心伤害,这些伤害的影响可能是终生的。教师是成年人,体力上占绝对优势,对学生的肉体的威慑力很大。由于教师在师生关系中拥有绝对权威,体罚对学生心理的威慑力也很大,它犹如无形的尖刀伤害着学生的心灵,它带来的恶果令人震惊。其次,体罚行为严重地败坏了教师的职业形象。在人们的心目中,教师是"文质彬彬"的文人,体罚会使人联想到黑社会的龌龊行为。由此,教师在学生中的威信不但不会提高,反而还会下降;在社会上的地位不但不会提升,反而还会降低。

防止体罚的根本措施是加强教师职业道德修养,使教师真正认识到体罚的危害。

加大对体罚学生行为的惩罚力度,是治理体罚的有效措施。现在,我国相应的法规政策比较健全。我国《义务教育法》第十六条规定"禁止体罚学生"。我国《教师法》第三十七条也明确规定"体罚学生,经教育不改的",要给予教师"行政处分或者解聘","情节严重,构成犯罪的,依法追究刑事责任"。我国《未成年人保护法》第十五条明确规定:"学校、幼儿园助教职员应当尊重未成年人的人格尊严,不得对未成年学生和儿童实施体罚、变相体罚或者其他侮辱人格尊严的行为。"显而易见,教师体罚学生,侵犯了学生的人身权、人格权。教师体罚学生应该受到法律的制裁。对体罚学生的教师,轻者应给予行政处分或者清除出教师队伍，重者应追究民事、刑事责任。对教师有监管职责的学校应该负连带责任。

第二，教不得法。

不可否认，在教育教学中确有违背教育规律、忽视学生个性、忽视学习的情感因素、人为加重负担的现象。这就导致了很多学生厌学、厌校，甚至厌师，使原本应该和谐的师生关系变形变味。

最近正在实施的基础教育课程改革的核心内容是转变学习方式和教学方式。新课程强调以人为本的理念，倡导自主学习方式，在注意知识与技能、过程与方法的同时，特别关注情感态度价值观的培养。所以说，实施新课程是重建师生关系的根本措施。

第三，导致师生关系疏离的第三原因是索要礼品。

在近几年，师生关系开始发生变化。由于世俗和功利的影响，师生关系中掺杂了越来越多的物质因素。过去，教师节学生送老师的是祝福，是贺卡，现在则送礼成风，送玩具、送"家乡特产"。人人心里都明白，礼越厚，情越轻。多收学生一份礼，教师威信减十分。送礼与收礼，都是在往师生关系的眼里揉沙子。

一位学生家长在讨论师生关系时说："我小孩从小学到现在高中，我们没见过一个正正经经的教师！请吃就吃，送物就收，有的还是明要！没一个好东西！"可以说，这样的教师已经威信扫地，他要完成教书育人的任务是很困难的。我们的自知之明告诉我们，你不要相信家长送礼时的笑脸，你也不要相信学生交钱时的恭敬，师生的感情账，通通都在心里。

吉林省教育厅日前下发通知，要求全省各级教育行政部门和各级各类学校不准以庆祝教师节名义，向学生和家长索要钱物和进行摊派；不准向学生暗示或索要纪念品、慰问品。对违反规定和要求的，将给予通报批评和严肃处理。加强教师职业道德教育，加强行政处罚力度，是有效制止教师索礼索贿的有效办法。

第三节 对新时期教师职业理念的思考

一、新时期我们怎样当教师

今天我们怎样当老师？体罚、心理惩罚之类事件频频发生，让我们不得不正视教师的素质教育。当教育理想和社会现实发生冲突的时候，许多教师选择了向现实妥协。

有关调查显示，中小学教师存在心理障碍的比例较高，值得重视。基础教育再不改革，教师素质再不提高，只怕下一代在未来竞争中会一败涂地。有一个这样的事例：

> 上小学二年级的女儿数学考了80分，是全班最后一名。老师怒而呵斥，并用红笔在考卷上批上"84人84名"。满面泪痕的孩子告诉父亲："我不想上学！"
> ——一位小学生家长的来信

这个事例也许在许多学校都发生过，或者正在发生着。在许多人看来，这样的故事太平常，不必大惊小怪。但对于故事的主角——一个年仅8岁的孩子而言，却是她幼小的心灵所无法承受之痛。

几天前的一个中午，读小学二年级的女儿满脸泪痕地回到家，口气坚决地表示不再去上学了。原来，那天上午，女儿在数学测试中得了80分。老师大怒，不仅将女儿叫到办公室斥责了一通，而且用红笔在考卷上写上了大大的"84人84名"，命令女儿把考卷带回家，找家长签个意见。无疑，此举严重伤害了一个8岁女孩敏感而脆弱的心灵，使她产生了厌学情绪。望着女儿沮丧、羞愧、自责的样子，看着考卷上醒目的"84人84名"的红红评语，同样当教师的我心里在滴血。

女儿从乡下小学转到这所县里最好的学校，班上人数很多，最多的竟有90多名。据称，每次考试全班平均分都在98分以上，女儿只得了80分，老师自然大发雷霆。想到在老师疾风暴雨式的斥责声中女儿无助的模样，想到被"笨蛋"等羞辱话语包围时女儿恐惧的神情，我很伤心。但我只能是尽力安慰女儿。好说歹说，女儿总算别别扭扭上学去了，但好几天都未露过笑脸。

　　女儿顽皮、粗心，但也有许多优点：善良、乐于助人、热爱劳动……仅凭一次考试成绩差就对她讽刺挖苦，进行心理惩罚，这样的老师够格吗？

　　将女儿的遭遇讲给同事听，引起共鸣。又调查了部分家长，发现老师讽刺挖苦学生，有意孤立学生等"心理惩罚"现象还不少。有关部门早已明令禁止对学生进行体罚，但以伤害学生自尊心为目的的心理惩罚现象却远未受到重视。孰不知，心理惩罚极易导致孩子自闭、自卑、自暴自弃，会对学生的心理健康发展产生严重危害。

　　心理惩罚严重违背教育规律，违反教师职业道德。《中华人民共和国义务教育法》、《未成年人保护法》等教育法律法规都有不得侮辱学生人格尊严，不得歧视品行有缺陷、学习有困难的少年儿童的有关条文。现在都说要减负，但教师整体水平不提高，"心理惩罚"不杜绝，如何能减轻学生的负担？

　　"老师为什么不能对我们说一句'你真行！你很了不起'？"

　　"'84人84名'，对小孩子来说，老师这个批语是残酷了点，那个小女孩肯定很伤心。不过——嗨！怎么说呢？"16岁的高中生乐颖昱伏在她的小书桌上漫不经心地说。

　　"这类事情学校里常有的呀。"乐颖昱说，"有一次，年级测验，我们班考得不好，任课老师很生气，先是训示，然后报分数，领考卷。不管你难堪不难堪，几乎每个领考卷的同学都要被他数落。"

　　乐颖昱是上海市某中学高二班的学生，喜欢文学，作文很棒，理化成绩一般。综合考试少有名列前茅，但也不会垫底。按教师给学生定级的办法，乐颖昱大抵算个中等生。她很少被老师点名批评或表扬，尽管她很希望自己的写作特长能够被老师肯定。

"看国外电视剧，常见有老师夸奖学生：'你做得太好了！''你真棒！''你这个想法很了不起！''让我们一起来试试吧！'但在我们这里，很少能听到老师这样鼓励。不小心做错事了，不用说，等着挨批吧。如果你做得好了，老师表扬两句，还得添上'不要骄傲'。要么就以你为样板，在同学中横向比较一下，刺激其他同学，令人尴尬。"乐颖昱问："为什么老师不能真诚地对我们说一句'你真行！你很了不起'？是不是怕影响他们的权威？"

乐颖昱的猜测并非没道理。一些教师这样想：体罚或斥骂可以让调皮的孩子变得听话，让成绩差的受到鞭策——由于怕责罚，学生就会听老师的话，遵守纪律，勤奋学习。责罚能够维护"师道尊严"。

在四川，一位年轻老师为了惩罚打架的学生，将学生带到办公室，通知该学生家长到学校领人。结果学生逃出学校，一夜未归。校领导认为年轻教师简单粗暴，停了他的班主任资格。教师很委屈，在给媒体的一封信中，他反问："现在还要不要'师道尊严'？"

"这样的'师道尊严'恐怕要不得。"华东师大教育科学院院长陈玉琨说。教师要不要有权威？要。但教师的权威是建立在与学生平等沟通基础之上的，教师应以自身的学识和人格魅力赢得学生的尊严。

强调所谓"师道尊严"，也就是强调了一种不平等，强调了学生与教师之间的从属关系，抑制了学生的创造力。近期碰到的一件事，令陈教授啼笑皆非：某中学一班主任要一位家长好好管教孩子，"他太调皮，不守纪律，一堂课竟提了6个问题"。家长摸不着头脑，请教陈教授。陈教授回答："好办，你鼓励他一堂课提12个问题！"

"全班50人，排出前三名并极力表扬，这是不是暗示其他孩子：你是失败者？"

给学生排名次。罚调皮的学生抄书、抄作业，成绩差的同学被老师划为另类，每个学生分属什么等级，你从老师的眼里可以读到……

乐颖昱很明白自己是个中等生。"中等生和优等生的待遇就是不同,"她说:"我念小学的时候,因为成绩好,老师对我很宽容。一次我们去郊区玩,夜晚在旅馆住宿,我害怕一个人睡,就向老师提出和好朋友一起睡,老师立刻同意了。入睡前,好朋友说:'也只有你能得到老师的恩准。'那时,我体会不到好朋友的心情。现在想起来,老师这种不公平态度会给学生带来多大的伤害!"

"其实,都是孩子,再差能差到哪里去?"上海浦东三林中学刘云龙老师说。有30年教龄的刘老师带了好几届所谓"差生班",非常了解"差生"的心理。1994年,刘老师刚从安徽应聘到这个中学,所带的"差生班"全校闻名。

"他们从各班中挑出,组成一个新的班级,被贴上了一个无形的标签——'我是差生'。学生们都有一种被遗弃、被排斥的感觉。他们是校园里的弱势群体。心理上的弱势需要,更多地被外在的极端行为所掩盖,因此他们愈加敌视教师,无视学校纪律。我第一天上课,他们东倒西歪地坐着,挑衅地望着我。我逐个点出他们的优点,孩子们很吃惊,不知不觉就坐正了。第二天,这群学生把教室打扫得干干净净,想从被发现的优点重新开始。"

中国中小学生心理健康教育课题组曾作过一个调查,这个课题组对辽宁省168所城乡中小学的2292名教师进行了检测,采用国际公认的SCL—90心理健康量表,由心理学专业人士对教师实行检测,结果令人难以置信:69%的教师自卑心态严重,嫉妒情绪突出,焦虑水平偏高。有心理问题的教师,小学多于初中,初中多于高中,城市多于乡村。教师的心理健康,当然直接影响着学生的心理健康。

"升学的压力甚至扭曲了教师的人格。"张连聿说。他曾见过这样一件事,为了使班级考试成绩高,老师在安排座位时,有意将成绩好的学生和差生搭配,鼓励学生作弊。

家长对孩子过高的期望，也加重了教师的心理负担。很多家长说：对孩子严格点。孩子调皮时，尽管替我打骂他。

"我们要关注教师的心理状态，没有健康心理状态的教师，教不出有健康人格的孩子。"陈玉琨教授不无担忧地说，"我们培养出的学生，一方面基础扎实，勤奋刻苦；另一方面存在着一些性格缺陷，性格内向，不擅长社会交往，过于死板，缺乏批判力和创造力。这实在无法适应现代社会的需求。"

"如果基础教育再不改革，中小学教师的素质再不提高，只怕我们的孩子在未来的竞争中会一败涂地。"

二、对新时期教师职业理念的思考

新时期深化教育改革，全面推进素质教育，需要一支"德智并重，心理健康"的教师队伍。教师素质的高低，直接关系到教育事业的成败。

1. 更新观念，培养新型人才

教师的职责是为社会培养人才。这就要求教师的观点要新。树立正确的人才观、教育教学观和科学的教育质量观，面向全体学生，全面育人，培养新型人才。

(1) 注重自由发展，兼顾全面提高，发展学生个性。个性发展是现代教育思想和教学论发展中的普遍思想。即促进个体兴趣、智力和创造才能尽可能充分地发展。没有个性的"自由"发展，也就不能有个性的"充分"发展。教师在教育教学中，既要求学生掌握现成的知识、经验，又鼓励学生有所创新突破，促进学生身心全面发展。

(2) 培养学生学习的愿望，教给学习方法。促进学生主动学习。教与学统一的起点是：激发学生的兴趣，精心保护和培养学生发自内心的学习愿望和由此萌发出来的自尊心和自信心。教师要通过合理得当的教法，发挥知识本身固有的魅力，吸引学生学习的兴趣，让学生在学习中不断取得进步。让学生体验到学习的收获，激发他们的自豪感和自尊心，这是教育的首要信条。

（3）发展学生的思维，鼓励创新求实，培养创新人才。培养学生的创新、求实精神，造就一代创造型人才，是素质教育的重要内容，是广大教师坚定不移的理念。切实有效地实现这一理念，需要广大教师付出艰辛的劳动。教师在教育教学工作中，要善于从个性特征方面教育引导学生，把培养学生的健康个性作为自己的信条，切实改进自己的教学方法，以适应发展的需要。

2. 要不断充实新知识，进行终身学习

新时期，科技知识日新月异，人一刻也不能离开学习。教师作为传道授业者，更需要不断地学习，这是教师职业道德的要求，也是做一名优秀教师的要求。教师的基本职责是通过自己的教育教学工作，把系统的科学知识传授给学生，发展他们的智力，培养他们的能力，开拓他们的创造力，使他们成为社会主义的建设者。教师只有通过学习，不断地充实新知识，才能拥有最新最先进的知识。教师进行终身学习的精神是教师道德人格的体现。它对学生具有强烈的吸引力和示范力。学习是要有毅力的，教师要把学习作为终身需要，克服困难，知难而进。要自觉抵御来自家庭、社会、学校的冲击，永远学习，永远做个好老师。

3. 不断思考，实践，探索，逐步提高

老师在教学中应不断思考，反省，探索，研究新情况，解决新问题。不断提高育人的本领。第一、教师要用理论武装自己。认真掌握教育教学理论，不断学习新知识，改进方法，研究教育教学的实际情况。第二、要教学相长，在教学中学习，在学习中教学。老师也要向学生学习，多了解学生的情况，根据学生的实际情况制定计划。第三、要在教育实践中履行义务，遵守国家的法律法规，执行教育方针，尊重学生，维护学生的权益，带领学生开展有益活动，不断提高自己的思想政治觉悟和业务水平。

4. 促进良好的教育关系的形成

善于处理教育过程中的内外关系，既是教师职业的要求，也是新时期老师职业理念的内容。

（1）老师与学生集体的关系。教师在教学实践中与学生集体的关系是民主的关系。老师一方面要尊重学生集体的意见，摆正与学生集体的关系，讲求教育教学方法，建立互相尊重、平等相待的师生关系。另一方面要抵制学生集体中的不良倾向，促进学生友好交往，建立团结互助、团结友爱、互相帮助的同学关系，增强集体的凝聚力。

（2）教师与学生家长的关系。教师要善于处理好与学生家长的关系，经常与家长沟通，互通信息，以便及时掌握学生的情况，因势利导。同时也可以将学生的情况及时反馈给家长，让家长适当进行家庭教育，对帮助教师工作具有积极的促进作用。教师与家长的根本利益是一致的，在教育目标上是相同的。因此，教师要密切同家长的关系，定期家访，定期交谈，建立联系制度。

5. 调控情绪，心理健康

教师的心理素质在教师的素质系统中占据很重要的位置，具有良好心理素质的教师，能更好地开展工作。心理健康是指一种适应生活的良好状态。一是指心理健康状态，二是指维持心理健康，减少行为问题和精神疾病。教师的心理健康既要符合一般人的心理健康要求，又要体现教师职业的特殊需要。它包括教师对角色的认识，健康教育的心理环境，教育的独创性，良好的教育人际关系，其中最重要的是情绪健康。教师心理健康对搞好教学工作有着重要的意义。它体现了时代发展的要求，体现了教师职业的要求，体现了教师自身发展的要求。心理健康是教师从事教育工作的需要，它有利于教书育人，有利于健康生活，有利于素质教育的发展，有利于教学质量的提高，有利于学生成才。教师的心理健康对于学生的影响是深刻的，是潜移默化的。新时期教师心理偏差的主要表现有以下几个方面：

（1）个人与环境不能一致。主要是理想与现实差距太大，外界对教育的冲击较大。

（2）在从业的过程中，出现了不满情绪，导致教育行为失常。

（3）人格缺陷，出现自卑、孤僻、冷漠等心理。

教师心理不健康的原因是多方面的。这里主要谈谈教师如何调控自己。首先要有正确的认识。心理健康对教师的工作是十分重要的，教师的心理状况直接关系到教育质量的高低，要正确认识心理问题。有心理问题并不是什么见不得人的事，也是可以慢慢恢复的。教师也是一个平凡的人，也会有心理疾病。其次，教师要注重心理品质的培养。要树立正确的人生观，价值观，保持愉快的情绪。热爱生活，热爱教育工作，树立正确的教育观，勇于克服困难，正确评价自己，培养兴趣，在工作中不断提高自己，不断完善自己。最后，教师要不断地学习心理方面的知识，学会发泄不合理的情绪，主动控制情绪。如在教学工作中利用心理换位、自我暗示等方法控制情绪，用对人倾诉、转移注意力等方法发泄消极情绪。教师的心理健康十分重要，只有健康的教师才能培养出健康的学生。

综上所述，在全面推进素质教育、进行课程改革的今天，我们每一位教育工作者都要转变理念，不断创新，以适应日新月异的时代要求。

三、新时期优秀教师的特征

判定学校质量的最重要因素，就是教师的素质，这几乎是每一个教育工作者都认同的。但是判定教师质量的标准又是哪些呢？下面就是学校管理者喜欢在他们的教师身上看到的特点。检测一下自己，看看哪些你做得好，哪些你还需要完善。

1. 表现出热情

如果你对教学满怀激情，那就展现出来吧！让学习变得有趣。你对教学的热情将影响你的学生的学习动机。热情是会传染的，它将帮助你在课堂之外，建立一种团队精神。

2. 了解并跟上你专业领域的变化

如果你教幼儿园，就要订阅一本早期儿童教育杂志。如果你教化学,可以参加当地大学的讨论会。不论这是你教学的第1年,还是你教学的第30年,你都要努力跟上你专业领域的变化趋势。

3. 搞好组织工作

高效有序的组织,能够让你把更多的时间花在学生身上。建立一种处理日常事务的方式——收集学生的作业,分发教学资料,公布作业,交换班级新闻等等。这种建立好的程序能够帮你顺利地把班级工作纳入轨道,可以腾出更多的时间用来教学以及参与学生活动。

4. 积极地讲授

校长和其他的管理者一样,欣赏那些工作努力的人。优秀教师的教学是非常投入的,他们在课堂上走来走去,从来都站不住,而且忙忙碌碌。他们积极地和学生以及其他的教师打成一片。

5. 展现一种好的态度

孩子们不喜欢整天都沉浸在恶劣情绪中的老师。他们需要模仿积极的态度,听你对其他人说些什么,听你说话的语气。你应该表现你的喜爱、关心和尊敬。同样的,管理者也需要对老师、学生和大众表现出好的态度。

6. 建立一种有效的班级管理模式

从上课的第一天就建立并且坚持执行你的班级管理体系。为了让学生能够专心学习,并且拥有一个有秩序的班级环境,纪律和合理的组织是绝对必要的。并且要保持一贯性、公平性。不要制定那些你不能始终如一地坚持的规则。否则你的学生会觉得你说的话是无足轻重的。

7. 制定好教学步骤

学生能够学会的知识总量与学习时机是有关系的。学生通过动手做学得最多,而不是通过观察,不是通过有秩序地站立,也不是通过听。为你的课程计划一个教学进度。如果你到学期末才意识到没有足够的时间完成所有的教学课程,那是最糟糕的。

8. 保持良好的人际关系

在一张小学的成绩单上,这个品质指的是"和其他人一起好好工作"。管理者需要老师们和其他人一起好好工作。如果人们不喜欢你的行为,他们就不想在你身边,更不愿为你完成任务!对于同事和家长是如此,对于学生也是如此。教育是一个与人打交道的事业。好的人际关系技能对于教师来说是必要的。

9. 明确传达信息的能力

优秀教师能够明确地、简洁地给出信息,边示范边说明。当介绍新的信息时,教师必须给出一个准确的指导。这个过程包括解释说明、描述、总结和回顾。很多情况下,孩子不知道他们在学什么或者他们为什么要学它。

10. 有效的提问能力

提问是一个有力的教学手段。在提问的过程中,会有很多思想火花出现。有指导地提问既可以针对整个班级也可以针对个人。当对个别的学生提出问题的时候,在叫学生的名字之前,先问问题。在学生思考他的答案的时候,耐心等待,不要急着叫学生的名字。举个效果不太好的例子:"南希,你认为什么是爱迪生最有用的发明,并且说明为什么?"会发生什么情况呢?当某个学生被叫到,其他人就都放松了,并且不再投入。如果教师先问:"爱迪生最有用的发明是什么?请说明理由。"然后停顿大概3~5秒。这个等待的时间,会让每个人都投入进来,并且给学生一个思考的机会。虽然看上去等的时间比较长,但是这个模式已经被很多成功的教师证明是有效的。

四、新课程中教师角色的十大转变[①]

新一轮基础教育课程改革的理论生长点是"综合实践活动"。综合实践活动的核心是"探究性学习"。课程改革的目标之一是推动学生学习方式的变革,即由被动接受性学习向主动

---

① 张仲文. 新课程中教师角色的十大转变. 参见教育学习网·课程改革

探究性学习转变。要实现这一转变，除了教学评价方式的转变外，还必须推动教师角色的转变。从传统中走出来，处理好"继承"与"发展"的关系，应该引导教师逐步实现下列转变：

1. 由"权威"向"非权威"转变

我们应该允许教师在某些知识领域有不懂的问题。教师可以向学生学习，可以向学生承认自己也有不懂的问题，可以请学生帮助老师解决教学中的疑难，让学生消除学习的"神秘感"。教师不应该以"知识的权威"自居，而应该与学生建立一种平等的师生关系，让学生感受到学习是一种平等的交流，是一种享受，是一种生命的呼唤。

2. 由"指导者"向"促进者"转变

教师要成为学生学习的促进者，而不仅仅是指导者，要变"牵着学生走"为"推着学生走"，要变"给学生压力"为"给学生动力"，用鞭策、激励、赏识等手段促进学生主动发展。

3. 由"导师"向"学友"转变

我们倡导专家型教师，但不提倡教师站在专家的高度去要求学生。教师要有甘当小学生的勇气，与学生共建课堂，与学生一起学习，一起分享快乐，一起成长。教师不仅要成为学生的良师，更要成为学生的益友。

4. 由"灵魂工程师"向"精神教练"转变

长期以来，人们把教师比作"人类灵魂的工程师"。其实教师不应该作学生灵魂的设计者，而应该作学生灵魂的铸造者、净化者。教师要成为学生"心智的激励唤醒者"而不是"灵魂的预设者"，要成为学生的"精神教练"。

5. 由"信息源"向"信息平台"转变

在传统的教学中，教师成为了学生取之不尽的"知识源泉"。缺乏师生互动，更缺乏生生互动。在新课程中，教师不仅要输出信息，而且要交换信息，更要接受学生输出的信息。教师要促成课堂中信息的双向或多向交流，因而教师要成为课堂中信息交换的平台。

6. 由"一桶水"向"生生不息的奔河"转变

我们曾经认可教师要教给学生一碗水自己就必须要有一桶水的观点。然而随着时代的变化,知识经济时代已经到来,教师原来的一桶水可能已经过时,这就需要教师的知识随着时代的变化而不断地更新,需要教师成为"生生不息的奔河",需要教师引导学生去"挖泉",即挖掘探寻知识的甘泉。

7. 由"挑战者"向"应战者"转变

新的课堂中不能仅仅是教师向学生提出一系列的问题,让学生解决问题。它要求教师引导学生自己去提出问题,因为提出问题比解决问题更重要。学生向教师提出问题,便是对教师的挑战。开放的课堂中教师随时可能接受学生的挑战,而成为应战者。

8. 由"蜡烛"向"果树"转变

中国的传统文化把教师比作"春蚕"、"蜡烛"。不管是春蚕,还是蜡烛,总是在奉献给客体的同时而毁灭掉主体。新时代的教师不能再作"春蚕"或"蜡烛",而应该在向社会奉献的同时不断地补充营养,成为常青的"果树",不是在照亮了世界或吐尽了芳丝后就毁灭掉自己。

9. 由"统治者"向"平等中的首席"转变

教师不能把课堂视为自己的课堂,而应该把课堂还给学生。教师不能作课堂的统治者,因为统治者总免不了令人"惧怕"。教师应该从统治的"神坛"上走下来,与学生融为一体。在新课程中教师不再是居高临下的,而是与学生站在同一个平台上互动探究,在平等的交流中作"裁判",在激烈的争论中做"首席"。

10. 由"园丁"向"人生的引路人"转变

"园丁"是令人尊敬的。但"园丁"又是令人遗憾的,因为园丁把花木视作"另类生命"。园丁在给花木"浇水、施肥"的同时,还要给它们"修枝"、"造型"。他们是按照园丁的审美标准把花木塑造出来供人们欣赏。在园丁看来不合自己情趣的"歪枝"、"残枝"是可以"判死刑"的,他们可以随意"修剪",可以培育出以曲为美的"病梅"。然而教师与学生的生命同源。教师应该允许学生的缺点存在,应该允许奇才、偏才、怪才、狂才的发展。教师应该为学生的成长引路,为学生的人生导向,而不是限制学生的发展空间,更不能给不服自己管教的学生或有某种缺陷的学生"判死刑"。教师应该多一些爱心,多一些对"问题学生"的理解与关怀,将学生的缺点当作财富而施教,因为它可能使你成为教育家——任何一个教育家都是在成功地教好问题学生之后才成为真正的教育家的。

第四节 对新时期加强教师职业道德建设的思考

教师职业道德是从事教育职业的人从思想到行为都应当遵循的道德规范和行为准则。教师职业道德建设是为了培养造就爱岗敬业、为人师表的教师队伍而开展的教师职业道德教育活动,这是教师队伍建设的核心和全面推进素质教育的基本保证。教师队伍职业道德水平的高低,不仅涉及教师个人道德修养,也不仅是教育系统内部师德师风好坏的反映,而且还是整个社会道德水平的折射和晴雨表。因此,教师职业道德建设,直接关系到整个社会的精神文明建设。

长期以来,在党的领导下,广大教师爱岗敬业、无私奉献,以身作则、严于律己、为人师表、教书育人,对教师职业的荣誉感和责任感不断增强,良好的师德师风培育了一代又一代社会主义的建设者和接班人,为我国教育事业的改革和发展,为社会主义现代化事业做出了巨大贡献,赢得了党和人民的信任和全社会的尊重。但是,随着社会主义市场经济体制的建立,社会经济成分、组织形式、利益分配和就业方式日益多样化,人们的社会生活方式受影响的因素多样化、社会利益主体和价值取向多样化,社会上出现了道德失范,是非、善恶、美丑界限混淆,拜金主义、享乐主义、极端个人主义有所滋长的现象。教师团队中少数教师也出现了以教谋私、言行不一、敷衍塞责、体罚或变相体罚等现象。这些现象有损于人民教师的形象，也危害着青少年的身心健康，必须引起高度重视。当前，在大力推进《公民道德建设实施纲要》和实现教育现代化的进程中，教师职业道德建设必须发挥表率示范作用，教师应成为全社会先进、文明的表率，这也是全体教育工作者共同的奋斗目标。

一、用全新的视角认识教师职业道德建设的重要性

1. 以党的大政方针为方向，加强对教师职业道德建设重要性的认识

加强教师职业道德建设，形成良好的师德风范是学习贯彻"三个代表"重要思想，建设先进文化，把依法治教与以德治教结合起来的重要内容，也是我国公民道德建设的主要着力点之一。《公民道德建设实施纲要》指出："随着现代社会分工的发展和专业化程度的增强，市场竞争日趋激烈，整个社会对从业人员职业观念、职业态度、职业技能、职业纪律和职业作风的要求越来越高。"教师职业道德建设既是公民道德建设的重要内容，也是推动全社会道德建设的重要力量。党的十六大在全面建设小康社会的任务中指出，教育的发展目标是："全民族的思想道德素质、科学文化素质和健康素质明显提高，形成比较完善的国民教育体系。"实现这一目标的主体在教师，关键在教师职业道德。因此加强教师职业道德建设不仅关系到教师自身的修养，更重要的是关系到党、国家和民族的未来。

2. 以提高全民族的素质为根本，增强教书育人、为人师表的使命感

加强教师职业道德建设，是经济社会发展和全面推进素质教育的必然要求。教师教书育人、为人师表的特殊使命对教师职业道德提出了越来越高的要求。教师不仅是知识的传播者、智慧的启迪者，也是精神的熏陶者、人格的影响者、美德的体现者。教师的工作对象是学生，是未来的国家公民，是国家的建设者和接班人，教师的一言一行都会对学生的世界观、人生

观、价值观产生重要而持久的影响。全面推进素质教育,要求广大教师树立正确的教育观、质量观、人才观和师生观,要求不断改善师生关系和教学行为,要求把思想品德教育有机地渗透到教学之中,从而形成尊重理解、平等交流的教育氛围。所以,要把教师职业道德建设作为青少年学生思想道德建设的先决条件,作为加强教师队伍全面建设的重要内容和中心环节抓紧、抓实、抓好。

3. 以实现教育现代化为目标,加深对教师职业道德建设重要性的理解

教育是发展科学技术和培养人才的基础,在现代化建设中具有先导性、全局性的作用。教育者要深刻认识到教育在现代化建设中的战略地位和重要作用。当前,教育改革和发展正朝着深层次推进,学校的布局调整不断深入,人事制度改革不断深化,社会、家长对教育的期望也越来越高,关注的问题也越来越多,诸多因素和情况给每一位教师带来了机遇的同时也带来了挑战。教育要想率先实现现代化,重要的标志是树立社会认可、群众满意的教育整体形象。教育整体形象的形成,不可或缺的是教师的教师职业道德形象。因此,加强教师职业道德建设是教育实现现代化的重要前提之一,这已经成为一项刻不容缓的迫切任务。

二、用以人为本的观点明确教师职业道德建设的针对性

以人为本是教师职业道德建设的核心。教师是教育者,教师的职业是以人育人的工作。尊重教师的职业劳动,充分调动教师教书育人、为人师表的积极性,提高服务于社会、家长和学生的自觉性是加强教师职业道德建设的落脚点。以人为本,加强教师职业道德建设必须面对教师团队的具体思想和行为,进行有针对性的行业化、职业化的运作,把握好原则。

1. 共同愿景和个人目标相结合的原则

在教师职业道德建设中,不仅要讲社会的共同愿景,而且

要讲个人的愿景目标，以利于调动教师实现社会目标的积极性，这也是教师职业道德建设适应转型期人们的价值从集体取向向个人取向转化的一个方略。

2. 宣传教育与制度建设相结合的原则

教师职业道德建设，教育是基础，制度是保证。坚持不懈地进行理论灌输、开展教育活动是加强教师职业道德建设的有效载体。要紧紧抓住影响教师职业道德形成的各个环节，通过学习、教育使教师职业道德内容入脑、入耳、入心，耳熟能详，并逐渐转化为自觉行为。使每位教师懂得，什么是对的，什么是错的；什么是可以做的，什么是不应该做的；什么是应该提倡的，什么是应该坚决反对的。同时要把舆论引导与建章立制结合起来，把宣传提倡与约束管理结合起来，保证教师职业道德建设的科学化、经常化、规范化、制度化。

3. 先进性与广泛性相结合的原则

要广泛宣传教师团队中爱岗敬业、师德高尚的先进模范人物，发挥典型示范作用，为广大教师树立学习榜样。同时，要从广泛的现实基础出发，从社会关注的事情入手，从教师职业道德的底线抓起，保证教师队伍全体人员的基本教师职业道德水准，认真贯彻、落实《纲要》和《规范》的要求，采取有力措施杜绝社会反映强烈的一些失德行为，从而一步一个台阶地切实推进教师职业道德水平的稳步提高。

4. 个体要求与集体要求相结合的原则

教师职业道德建设首先要向教师个体提出要求，对教师个体做出评价。其次，要对一所学校教师的整体教师职业道德提出基本要求，对学校做出评价。因此，必须把对教师职业道德建设的个体要求和集体要求结合起来，把对教师个体的教师职业道德评价与对集体的教师职业道德评价结合起来，相互促进，整体提高。

三、用发展的眼光寻求教师职业道德建设的创新性

教师职业道德建设是当今实施教育可持续发展战略的关键

所在，是学校软件建设的重要内容。教师职业道德是教育发展的永恒话题，个体规范、群体创建、社会评价、整体推进是创新教师职业道德建设的必由之路，是以法治教的有机组成部分。教师职业道德建设"创新"要在坚持传统做法的同时，在实践中出新，探索新途径，挖掘新招法，总结新经验，实现新提高。要实现政策导向与教育理念的和谐统一，传统和先进管理的和谐统一，民主公开与依法治校的和谐统一。

1. 健全和落实评价机制是教师职业道德建设创新的切入点

正确的教师职业道德评价，可以增强教师工作和学习的积极性，规定教师道德修养的指向，促使教师沿着正确的修养道路前进，从而提高办学质量和效益。现在社会上人们对教师期望越来越高，对教师职业道德的要求也越来越高，进一步探索完善教师评价制度，逐步建立学校、家长、学生、社会四位一体的全员参与、全员监督的教师评价机制，是社会发展的必然趋势。学校要在加强内部评价的同时，特别要增加外部（家长、社会）评价的比重，这是教师职业道德建设的突破点。要把问卷、意见箱、一票否决等形式的外部制约力与教师考核、评定职称、奖惩等形式的内部约束力进行有机整合，逐步形成科学、规范的教师职业道德建设评价体系，提升教师职业道德建设的整体水平。

2. 深化创建活动是教师职业道德建设创新的有效途径

教师职业道德创建活动具有广泛的群众性，开展教师乐于参与、有思想深度的创建活动是教师职业道德创新、取得扎实成效的有效形式。实践证明，创建文明组、创建教师职业道德风范校，赢得了教师积极地响应，增强了教师职业道德建设的影响力和感召力。学习型社会的建立已经成为当今世界教育改革和发展的共同趋势。积极推进学习型学校的创建，要求教师职业道德建设必须与时俱进，进行创新，努力为学习型学校的创建奠定坚实的思想基础。

3. 德法并重是高层次教师职业道德的体现

当今，人们的法律意识越来越强，运用法律武器保护自身权益的观念也深入人心。因此，高层次的教师职业道德建设必须以法律、法规为保证，纳入到法治轨道中来，依法治教和教师职业道德建设密不可分。以德治国的方略和依法治国的战略是实现新时期教师职业道德建设向高层次发展的根本指针。教师必须学法、懂法、守法、用法，在依法执教的过程中，努力实现思想道德新的提升。

教师职业道德建设确实不是一朝一夕的事，而是一项长期的系统性工程。随着经济的发展和社会的进步，将教师职业道德建设提升到新的水平是每一个教育工作者的光荣使命和历史责任。只要认真贯彻党的路线、方针、政策，遵守国家的法律、法规，始终保持良好的精神状态，开拓创新，与时俱进，教师职业道德建设必将实现新的跨越和发展。

第五节　如何提高教师职业道德

建设高质量的教师队伍，是提高教育质量的根本保证。在探索实践中我们感到目前师资管理体制中存在着不科学性，因此有必要构建创新型师资管理模式。

一、以转变教师观念为先导，树立教师继续教育的理念

初等教育在培育民族创新精神和培养创造性人才方面，肩负着特殊的使命。创新的关键在人才，人才的成长靠教育。教育大计，教师为本；教育创新，教师是灵魂。教师的创新精神和创新能力如何，不但关系到学校教育能否实现创新，也直接影响学生创新素质的培养。因此，必须解放思想，更新观念，建立"以教师为本"的师资管理体系，树立竞争和开放的全新观念，增强质量和效益观念，强化继续教育，构建教师继续教育体系，以提高教师的创新意识和创新能力。同时还要树立

"人的全面发展"的现代教育理念。可见，师资队伍建设是一项系统工程。

二、以保证教学质量为核心，建设一支高水平的师资队伍

高水平师资队伍建设应着眼于对创造型教师的培养，要激发教师的主观意识，发挥教师的主体作用。教师自身具有积极性和进取精神，才能为创新意识的培养创设有利条件。建设一支高效、实干、稳定的以人为本的、学术水平和教学水平兼备的教师队伍，是学校的工作重点。从提高教学质量出发，学校应重点强化对青年教师教学培训，包括岗前培训以及岗后的继续教育培训，以现代教育技术、信息网络教学等培训为突破口，在培训中实施"理论讲授——专题研讨——名师示范——实践考核——总结创新"的教学培训模式，要求青年教师还要过三关：教学关、科研关和教书育人关，来确保青年教师的教学质量不断提高。通过理论研究和实践探索，初步形成创新型教师建设体系。

为提高课堂教学质量，推动教学方法创新，应积极开展教师课堂教学岗位练兵，创新教学方法，更新教学内容，提高教学质量等系列活动。另外，还应该通过教师岗位练兵、青年教师教学公开赛、观摩教学、课堂示范等活动来锻炼教师队伍。通过制订方案、设计竞赛标准、规则等一系列活动，引导教师创新教学方法、提升教学艺术，实施创新教育。

三、以管理创新为重点，构建创新型师资管理模式

构建创新型师资管理模式的途径主要有：

1. 健全教学管理规章制度，促进师资管理工作的规范化和优秀教师人才培养。

2. 构筑教师信息化管理平台，实现学校教学管理模式的转变。教学管理手段的网络化、自动化，充分体现了因材施教、个性独立、全面发展的教学管理观念，为构建创新型师资管理

模式奠定了基础。

3. 建立激励和约束机制，实行教师任课资格证制度，实行教师教学公示制度，为教师汇聚创造良好的环境。在教师队伍中实施滚动竞争上岗制，可以避免过去用科研成果多少来代替教师教学水平评估的片面性，可以体现优胜劣汰，营造一个公平竞争、团结向上的工作环境。制度的创新是学校发展的根本动力。

4. 强化绩效考核观念，建立教师的生存危机意识。

5. 完善教师继续教育培训体系，促进知识更新，不断提升教师的综合能力。

四、以实施"质量工程"为契机，完善教学质量监控体系

构建教学质量监控体系的总体思路是：督导、反馈、评价。坚持"督导结合，以评促改，重在提高"的评教工作的指导思想，高度重视评教结果的及时反馈和有效运用。

如何体现绩效评估的原则，建立有效的教学质量评价标准是关键。要按照实际类型设置评价标准，体现绩效评估的科学性、合理性。在实际工作中可以采取的步骤：目标管理与过程管理结合，是促进教学质量评价的科学规范的有效保障；实施教学督导，监控教学质量；运用教学评估软件，考核教师的教学质量；实现标准化考核。

构建教学质量监控体系的关键要素是：建立过硬的师资队伍、完善的学分制教学管理制度、先进的教学信息管理平台。

完善教学信息反馈系统，建立教师参与的常规信息网络，将网上评教机制真正引入教学管理过程，创新教学管理，实现教学管理的现代化。建成教务网络管理系统，提高师资管理工作的科学化和现代化水平。

主要参考资料

1. 钟祖荣. 现代教师学导论. 北京：中央广播电视大学出版社. 2001
2. 王德容. 教师道德教育论. 北京：科学出版社. 2004
3. 史文校，周全虎. 教师职业道德修养. 北京：北京理工大学出版社. 2004
4. 连秀云. 新世纪教师职业道德修养. 北京：教育科学出版社. 2002
5. 教育部师范教育司. 教师专业化的理论与实践. 北京：人民教育出版社. 2003
6. 崔福林，王国英，许春华. 教师职业道德修养. 保定：河北大学出版社. 2005
7. 赵宏义. 当代教师职业道德. 北京：中央广播电视大学出版社. 2002
8. 赵宏义. 教师职业道德. 北京：新华出版社. 2003
9. 郑建华，张植卿，邓朝. 教师职业道德教育与依法治教. 北京：人民教育出版社. 2003
10. 陈永明. 国际师范教育改革比较研究. 北京：人民出

版社．1999

11. 胡鞍刚，邹平．中国社会与发展报告．杭州：浙江人民出版社．2001

12. 杨颖秀．教育政策法规专题．长春：东北师范大学出版社．2001

13. 陈艳．对教师职业专业化的几点思考．现代中小学教育．2003（8）

14. 孟宪乐．新课程改革中的教师角色转换及实现．教育探索．2004（1）

15. 张福建．论教师专业化的实现途径．教育评论．2003（3）

16. 刘明远．教师专业化发展的制度构想．人民教育．2003（19）

17. 王彦波，孙德芳．行动研究——教师专业发展的国际视野．中小学教师培训．2004（12）

18. 殷赪宇．校本培训与教师专业发展相关分析．中小学教师培训．2004（3）

19. 张志越．谈教师专业化发展的新理念．教育理论与实践．2002（6）

20. 孙学策．教育教学中师德修养案例研究．北京：中国轻工业出版社．2006

21. 柳海民．现代教育理论进展．长春：东北师范大学出版社．2001

22. 傅道春．新课程中教师行为的变化．北京：首都师范大学出版社．2001

23. 叶澜．教育角色与教师发展新探．北京：教育科学出版社．2001

24. 劳凯生．教育法学．沈阳：辽宁大学出版社．2000

后 记

高校教师教育专业系列教材由徐晓泉教授任主编,胡青、钟志贤、孙菊如任副主编。全书根据江西师范大学《关于进一步加强教师教育的若干意见》的精神进行构思,拟定提纲,组织撰写。《新时期教师职业道德与专业发展》一书由孙菊如、王燕、王赪、高红娟共同编写。具体编撰人员分工如下:第一章(王燕)、第二章(王赪)、第三章(孙菊如、高红娟)、第四章(孙菊如),全书最后由孙菊如统稿,由系列教材编委会定稿。在编写过程中,作者坚持理论联系实际原则,尽可能地做到切合广大教师需要,行文力求条理清晰,同时参阅了大量的有关中外文论著、报刊及网络资料的成果,并注意跟踪课堂教学艺术研究领域的最新进展,吸纳了不少专家、学者的独到见解和精辟论述。另外,由于种种原因,书中所采用的部分成果无法查找出处和作者(特别是一些网络文章),在此特别加以说明并向它们的作者表示谢意并致歉意。

在本书编写中,得到了江西师范大学党委书记、校长游海教授的支持。同时,还得到了北京大学出版社的大力支持,出版社责任编辑江凌为本书的编写提出了许多宝贵意见,并付出了艰辛的劳动。江西师范大学教务处、教育学院、课程与教学论研究所、教师教育中心对本书的撰写给予了大力支持。在此，我们谨表示谢意！

由于水平有限，时间也比较仓促，本书难免存在不妥之处，恭请读者提出宝贵意见，以便将来再版时修订。

编者

2006年7月20日